इजाज़त

मंज़रनामा

गुलज़ार

राधाकृष्ण पेपरबैक्स

पहला पुस्तकालय संस्करण
राधाकृष्ण प्रकाशन प्राइवेट लिमिटेड द्वारा
2011 में प्रकाशित

राधाकृष्ण पेपरबैक्स में
पहला संस्करण : 2023

राधाकृष्ण पेपरबैक्स : उत्कृष्ट साहित्य के जनसुलभ संस्करण

राधाकृष्ण प्रकाशन प्राइवेट लिमिटेड
जी-17, जगतपुरी, दिल्ली-110 051
द्वारा प्रकाशित

शाखाएँ : अशोक राजपथ, साइंस कॉलेज के सामने, पटना-800 006
पहली मंजिल, दरबारी बिल्डिंग, महात्मा गांधी मार्ग, प्रयागराज-211 001
1, अनमोल सोराबजी संतुक लेन, धोबी तलाव, मरीन लाइंस, मुम्बई-400 002

वेबसाइट : www.radhakrishnaprakashan.com
ई-मेल : info@radhakrishnaprakashan.com

विकास कंप्यूटर एंड प्रिंटर्स
ट्रॉनिका सिटी-201102
द्वारा मुद्रित

मूल्य : ₹ 199

IJAAZAT
by Gulzar

ISBN : 978-81-19092-93-2

अशोक सचदेव के लिए

दीबाचा

जो नज़र आता है, उसे मंज़र कहते हैं और मनाज़िर में कही गई कहानी का नाम मंज़रनामा है। अंग्रेज़ी में इसके लिए दो अल्फ़ाज इस्तेमाल होते हैं। एक स्क्रीनप्ले है, दूसरा सिनेरिओ (Scenerio)। दोनों तक़रीबन एक-से हैं लेकिन स्क्रीनप्ले में 'डिज़ॉल्व' और 'कट' और दूसरी तकनीकी हिदायतें भी लिख दी जाती हैं, जो डायरेक्टर की मदद करती हैं। इसमें 'सेट' यानी 'महल वक़ू' और मंज़र का वक़्त भी दर्ज किया जाता है। (यानी मंज़रनामा सुबह, शाम, रात या दोपहर, किस वक़्त का है) ये तफ़सीलात डायरेक्टर के लिए तभी ज़रूरी होती हैं, जब वह स्क्रीनप्ले को फ़िल्माता है। वरना ये तकनीकी हिदायत पढ़ने में रुकावट पैदा करती हैं। इसलिए आम कारी के पढ़ने के लिए सिनेरिओ ही ज्यादा मौज़ूँ है, ताकि वह उसे एक नॉवल की सूरत बिना किसी रुकावट के पढ़ सके। इसी का नाम मंज़रनामा है।

अदब में मंज़रनामा एक मुकम्मिल फ़ॉर्म भी है। जिसकी पहली मिसाल जो मेरी नज़र में गुज़री, वह डी. सैका का मंज़रनामा 'अमरीका अमरीका' था। इस डायरेक्टर ने वह मंज़रनामा पहले लिखा, शाया किया और बाद में इस पर फ़िल्म बनाई। अदब में बहुत से मुसन्निफ़ हैं जो अपने नॉवल भी तक़रीबन मंज़रनामे की शक्ल में लिखते हैं। शरतूचन्द्र के बेशतर नॉवल इस फ़ॉर्म के बहुत क़रीब हैं।

ये मंज़रनामे पेश करने का एक मक़सद कारी को इस फ़ॉर्म से मुतारिफ़ करना भी है और दूसरे यह कि टी.वी. और सिनेमा से दिलचस्पी रखनेवाले शायक़ीन यह देख सकें कि नॉवल को किस तरह मंज़रनामे की शक्ल दी जाती है। मेरे लिए ये एतराफ़ करना ज़रूरी है कि मैं मंज़रकशी पर किसी महारत का दावेदार नहीं—कोई दूसरा

दूसरा डायरेक्टर या मुसन्निफ़, हो सकता है मुझ से बेहतर मंज़रनामा तख़लीक कर ले।

मंज़रनामा का अन्दाज़े-बयान अमूमन ओरिजनल कहानी से अलग हो जाता है इसलिए वह अस्ल कहानी या नॉवल या सवानेह उमरी का Interpretation बन जाता है, जिसकी मिसाल चन्द मशहूर फिल्मों से दी जा सकती है जैसे 'अनारकली' और 'मुग़लेआज़म' एक ही ड्रामे को माखूज़ किए गए हैं। 'देवदास' जितनी बार बनी, और कई ज़बानों में बनी, उसका मंज़रनामा बदलता रहा। टी.वी. की आमद से मंज़रनामों की ज़रूरत में बहुत इज़ाफ़ा हो गया है। छोटे-छोटे अफ़सानों के मंज़रनामे भी लिखे जाने लगे हैं। अहमद नदीम कासमी, राजिन्दर सिंह बेदी, भीष्म साहनी, मुंशी प्रेमचन्द और दूसरे बेशुमार अदीबों के अफ़सानों पर काम हो रहा है। बहुत से सीरियल सीधे मंज़रनामों में लिखे जाते हैं। टी.वी. की फिल्मों के लिए चूँकि वक़्त की पाबन्दी (तवालत, Duration) का लिहाज़ रखना पड़ता है। इसलिए मंज़रनामों के लिए अक्सर अदब से लिए गए मशहूर अफ़सानों को कभी मुख़्तसर करना पड़ता है, कभी फैलाव देना पड़ता है।

मुझे उम्मीद है कि मेरी यह कोशिश दूसरों के लिए कारआमद साबित होगी और दूसरों के तजुर्बों से मुझे फ़ायदा होगा—कोई नई राह खुलेगी, कोई नई बात पैदा होगी।

इजाज़त

'इजाज़त' के साथ कुछ ऐसा हुआ।

सुबोध दा की कहानी 'जोतो ग्रह' बंगला में पढ़ी और अभि भट्टाचार्य की जुबान से सेंटर विकेट उड़ गई। मुझे जब मौक़ा लगा, मैंने कोलकाता जाकर उनसे rights ख़रीद लिए। कई साल गुज़र गए। मुझे प्रोड्यूसर न मिला फ़िल्मों में कहानियां बड़ी जल्दी dated हो जाती हैं। बहुत साल बाद जब सचदेव जैसे प्रोड्यूसर मिले तो मैंने एक और स्क्रिप्ट (Script) लिखी। जिसमें उस कहानी का अक्स रह गया। कहानी बदल गई। किरदार बदल गए। मरकज़थीम भी बदल गया। लेकिन पहली और आख़री मुलाक़ात वही रही जो उस कहानी में थी। डरते-डरते सुबोध दा के पास गया और बात सही-सही बयान कर दी। बोले—'सुनाओ'। सुना दी—सुनने के बाद कुछ देर चुप रहे। फिर धीरे से चाय की चुस्की ली और बोले—"गलपो शे नोयें—किन्तू भालो लागछे!"

मैंने फ़ौरन ही पूछ लिया। "दादा—आपका नाम दे दूं।"

अब मुस्कराए और बोले—"दिये दओ—आमर नामेर टाका-ओ तो दिये छो!"

उनसे इजाज़त लेकर मैं वापस आ गया और फ़िल्म की तैयारी शुरू कर दी!

—गुलज़ार

इजाज़त

मुसलसल मूसलाधार बारिश में पहाड़ों से गुज़रती हुई एक रेलगाड़ी किसी लम्बी दास्तान की तरह बहती चली जा रही थी।

छोटी सी कहानी से
बारिशों के पानी से
सारी वादी भर गई
न जाने क्यों, दिल भर गया
न जाने क्यों, आंख भर गई—

बालाख़िर रेलगाड़ी एक छोटे से रेलवे स्टेशन के प्लेटफ़ॉर्म में दाख़िल हुई। महेन्द्र ने फ़र्स्ट क्लास के डिब्बे से गर्दन निकाली और कुली को आवाज़ दी।

"कुली...ओ कुली..."

फिर मुंह ही मुंह बड़बड़ाया।

"बारिश भी आज ही होनी थी...अब कुली भी नहीं मिलेगा।"

उसी वक़्त कुली आ गया।

"साहब कुली...?"

"हां...हां..."

कुली ने सामान उठाया। महेन्द्र बारिश से बचते हुए बाहर निकल आया डिब्बे से।

"वेटिंग रूम में जाना है।"

"फ़र्स्ट क्लास वेटिंग रूम में?"

बारिश ज़ोरों की थी...इसलिए चिल्ला-चिल्ला के बोलना पड़ रहा था।

"आयें...? वेटिंग रूम है?"

"हां...हां...है...आईए।"

"चलो।"

कुली सामान लेकर वेटिंग रूम में पहुंचा, पीछे-पीछे महेन्द्र भी चल दिया। स्टेशन की रोशनियां मद्धम थीं। चारों तरफ़ बारिश का पानी फैल रहा था।

कुली सामान लेकर वेटिंग रूम में पहुंचा, पीछे महेन्द्र भी। एक टेबल पर कुली ने उसका सामान रख दिया। वहां बैठी सुधा ने महेन्द्र को देख कर मैग़ज़ीन से अपना चेहरा छुपा लिया। महेन्द्र कुली को पैसे दे रहा था।

"छुट्टा तो नहीं है साहब!"

महेन्द्र कुछ सोच कर बोला।

"ठीक है रख लो। सुबह गाड़ी पे बिठा देना।"

"एक्सप्रेस से जाएंगे साहब!"

"हां...साढ़े सात की गाड़ी है।"

सुधा सुन रही थी। महेन्द्र ने फिर पूछा।

"यहां कोई कैंटीन है?"

"जी! ठंडा चाय मिलता है।"

"मतलब...?"

सुधा मैग़ज़ीन की आड़ से झांक रही थी।

"जी मतलब चाय और ठंडा...चाय भेज दूं साहब?"

"वेटर को भेज दो।"

"अच्छा।"

कुली सलाम करके चला गया। महेन्द्र ने अपने हैंडबेग से कुछ निकाला। फिर वेटिंग रूम में बैठे सब लोगों का जायज़ा लिया—एक औरत ने

अपने चेहरे को मैगज़ीन से छुपा रखा था। एक दूसरी औरत अपने बच्चे को कुछ खिला रही थी। आदमी सो रहा था पास की आरामकुर्सी पर।

"शाबाश...हां...शाबाश बिस्कुट खा लो। फिर घर चल कर खिला दूंगी...खालो।"

महेन्द्र ने अपनी जैकिट उतार कर वहीं टेबल पर रख दी। एक तरफ़ एक ड्रेसिंग टेबल पर एक सुराही थी, और पीछे आधी रम की बोतल और एक ग्लास रखा था।

महेन्द्र ने बाथरूम की बत्ती जलाई। जैसे ही अन्दर जाने लगा वैसे ही बत्ती बुझ गई। स्विच लगता है ख़राब था। फिर जलाने-बुझाने के लिए बार-बार स्विच को ऑन, ऑफ़ किया। सुधा ये सब देख रही थी। फिर बाथरूम की बत्ती अपने आप जल गई। महेन्द्र बाथरूम में चला गया। सुधा मौक़ा पाकर वेटिंग रूम से बाहर चली गई। प्लेटफ़ॉर्म पर कोई नज़र नहीं आया। वो थोड़ा आगे बढ़ी तो स्टेशन मास्टर मिल गया।

"ऐक्स्क्यूज़ मी..."

"यस प्लीज़..."

"यहां कोई लेडीज़ का भी वेटिंग रूम है।"

"फ़र्स्ट क्लास का तो एक ही है...दूसरा वेटिंग रूम बहुत गन्दा है—वैरी डर्टी...पर आप यहां बैठिये आराम से...आराम से बैठिये कोई घबराने की बात नहीं है...नो प्रॉब्लम...क्योंकि हमारा स्टाफ़ होल टाईम डिवटी पर होता है। प्लीज़ टेक रेस्ट डोन्ट वरी।"

ये कहकर स्टेशन मास्टर एक तरफ़ बढ़ गया। सुधा देखती रही। कुछ सोचते हुए वेटिंग रूम के

दरवाज़े पर पहुंची और ठिठक कर बाहर ही रुक गई।

महेन्द्र बाथरूम से बाहर निकल आया था। और अपने हैंडबेग में कुछ ढूंढ़ रहा था, अपनी जेब टटोली। फिर नीचे देखा। सूटकेस ऊपर उठाकर रखा उसको खोलने लगा। साथ ही बड़बड़ाया...

"ये चाबी कहां रख दी?...ओह रेल...?"

पास सो रहे आदमी के सूटकेस को छूकर देखा...ये देखकर सोते हुए आदमी की पत्नी ने उसे जगा दिया।

"क्या देख रहे हैं आप...?"

"आपका सूटकेस देख रहा था।"

"क्यों...?"

"मेरी चाबी खो गई है...देख रहा था कि वी-आई-पी तो नहीं है...उन की चाबी एक दूसरे में लग जाती है।"

"जी नहीं मेरा तो...सिम्सलाईड है।"

"ओह..."

ज़रा दूर पड़े दूसरे सूटकेस को देखने लगा जो वी-आई-पी का था। सूटकेस के पास तक गया। स्टेशन मास्टर अन्दर ही खड़ा था, कहा।

"वही है, वी-आई-पी। लग जाएगी चाबी!"

ड्रेसिंग टेबल के पास खड़ा स्टेशन मास्टर शराब पी रहा था खड़े-खड़े। वो रम की बोतल उसी की थी। स्टेशन मास्टर ने बताया।

"एक महिला का है...बाहर गई हैं। आती ही होंगी। उनसे मांग लेना।"

महेन्द्र कुछ नहीं बोला। वेटिंग रूम से बाहर जाने लगा। जैसे ही दरवाज़े पे पहुंचा सुधा और उसका सामना हो गया। दोनों एक-दूसरे को

देखते रह गये। बरसों बाद दोनों ने एक दूसरे को देखा था। माज़ी की एक झलक आंखों में दौड़ गई।

एक डार्क रूम में महेन्द्र फ़ोटोग्राफ़ी का काम कर रहा था...कि दरवाज़े पे दस्तक सुनाई पड़ी।

"क्या है सुधा...?"

"क्या कर रहे हैं आप?...दरवाज़ा खोलिये।"

"डार्क रूम में और क्या कर सकता हूं। तसवीर निकाल रहा हूं।"

"किस की?"

"एक लड़की की।"

"कौन है...?"

"इस लड़की से दो महीने हुए मैंने शादी की है।"

अन्दर ट्रे में महेन्द्र और सुधा की तसवीर नज़र आने लगी।

महेन्द्र माज़ी से वापस आया तो सुधा सामने खड़ी थी। ज़ोरों से बारिश हो रही थी। बादल गरज रहे थे। सुधा महेन्द्र के पास से चली गई...महेन्द्र देखता रह गया।

सुधा वेटिंग रूम में आकर फिर वही मैगज़ीन लेकर बैठ गई। महेन्द्र भी अन्दर आ गया। और एक कुर्सी पर बैठ गया। एक लड़का बाहर से भागता हुआ आया और दूसरी मुसाफ़िर फ़ैमिली से कहा।

"जीजाजी...चलिये...कार आ गई है। मामाजी भी आये हैं लेने के लिए।"

वो तीनों लोग वेटिंग रूम से चले गये। सुधा और महेन्द्र दोनों में एक चुप्पी थी...बाहर बारिश ज़ोरों से बरस रही थी। स्टेशन मास्टर बैठा हुआ डायरी में कुछ लिख रहा था। उसने महेन्द्र से पूछा।

"क्यों भाई साहब, खुला नहीं बैग? चाबी मांगी आपने?"

महेन्द्र कुछ नहीं बोला।

"अरे भाई साहब...इस में शर्माने की क्या बात है?...सफ़र में काम आते ही हैं लोग।"

सुधा की तरफ़ देख कर स्टेशन मास्टर ने कहा।

"बहन जी..."

सुधा ने देखा—स्टेशन मास्टर की तरफ़।

"भाई साहब की चाबी गुम हो गई है। वी-आई-पी है शायद आपकी चाबी लग जाए, दे दीजिये शायद इनके काम आ जाए...प्लीज़ हेल्प हिम!"

ये कह स्टेशन मास्टर फिर बाहर चला गया। सुधा कुछ समझ नहीं पाई पर बात होने पर चाबी निकाल ली अपने पर्स से, देने के लिए आगे बढ़ी तो, महेन्द्र ने उठ कर चाबी ले ली। महेन्द्र ने चाबी लेकर अपना सूटकेस खोला... तौलिया निकाला, साबुन लिया। हाथ की घड़ी वहीं रख दी और पेंट से पर्स भी निकाल कर वहीं रख दिया—सूटकेस वैसे ही खुला छोड़ कर बाथरूम में चला गया। सुधा ये देख रही थी। सुधा सोचने लगी अभी तक लापरवाही की आदत नहीं गई। सुधा मैगज़ीन पढ़ने लगी। तभी केन्टीन का वेटर आ गया।

"साहब...साहब...यहां कोई साहब आये हैं।?"

सुधा ने जवाब दिया।

"नहाने गये हैं।"

खुले हुए सूटकेस को देख कर वेटर सूटकेस में झांकने लगा। सुधा ने डपट के पूछा।

"क्या है?"

"कुछ नहीं मेम साहब। टाईम देख रहा था।"

"कहा है ना, नहाने गये हैं।"

"मेम साहब...साहब ने चाय मंगाई थी?"

"हां...बाहर निकलने के बाद ले आना...जाओ।"

"जी ठीक है।"

वेटर चला गया। सुधा ने उठ कर सूटकेस बंद कर दिया, और बड़बड़ायी।

"ख़्वामख़्वाह...मुझे चौकीदारी पे बिठा दिया। मैं न होती तो...?"

और फिर कुर्सी पर जा कर बैठ गई। थोड़ी देर बाद महेन्द्र बाथरूम से निकल आया। तौलिये से हाथ मुंह को पोंछते हुए। पास आकर भीगा तौलिया वहीं कुर्सी पर फैला दिया। इतने में वेटर दो कप चाय लेकर आ गया।

"गर्म गर्म चाय साहब!"

"दो कप किसलिये?"

"साहब मेम साहब ने बोला था...इसलिए...मैं सोचा कि वो भी पिएंगी।"

सुधा कुछ कहने लगी पर रुक गई। महेन्द्र ने कहा।

"अच्छा जाओ।"

वेटर चाय रख कर चला गया। सुधा ने वज़ाहत की।

"मैंने तो सिर्फ़ चाय के लिए कह दिया था। इडियट..."

"अब आ गई है तो पी लो।"

"आप तो जानते हैं मैं चाय नहीं पीती।"

"हां जानता तो हूं...लेकिन ले आया है। कभी कभार तो पी लेती थीं, बना दूं?"

सुधा कुछ बोल नहीं पाई। फिर आगे बढ़ी।

"लाइये मैं बनाती हूं।"

इतना कह कर वो वहीं बैठ गई जहां महेन्द्र बैठा था और चाय बनाने लगी।

"वही एक चम्मच ना।"

"नहीं...नो शुगर!"

"ये कब से?"

"पांच साल हो गये।"

सुधा ने ग़ौर से देखा...जैसे सवाल कर रही हो।

"हुं...तभी से! कहां जा रही हो?"

"पटना!"

"रहती हो वहीं?"

"हुं...!"

"पढ़ाती हो अब भी?"

"जी हां!"

"वही म्यूज़िक...?"

"जी!"

सुधा ने चाय बना कर महेन्द्र को दी।

"चश्मा कब से लगाने लगीं?"

"दो-ढाई साल हो गये हैं।"

"अच्छा लगता है। समझदार लगती हो।"

"पांच साल पहले समझदार नहीं लगती थी?"

"लगती थी...अब ज़्यादा लगती हो।"

सुधा ज़ेरेलब मुस्कराई और पूछा।

"आपने दाढ़ी कब से बढ़ा ली?"

हंस कर..."कुछ दिनों से।"

चाय का सिप लेकर पूछा।

"क्यों मैं समझदार नहीं लगता?"

"उं...हुं..."

दोनों मुस्करा दिये।

"आप यहां कैसे?"

"एक कैम्पेन के लिये गया था...दार्जलिंग। वापस जा रहा हूं।"

"कहां?"

"घर..."

"वहीं...वहीं रहते हैं आप...?"

"हुं...वहीं...! वही शहर है, वही गली, वही घर, सब कुछ...व..ही।"

फिर रुक कर।

"सब कुछ तो वही नहीं है। लेकिन है वहीं...! उसी जगह।"

अचानक माज़ी खुल गया। महेन्द्र मोटरसाइकिल पर अपने दादू के पास आया जो नदी से नहा कर आ रहे थे। दादू गायत्री-मंत्र का श्लोक पढ़ते हुए आ रहे थे।

"ओम् सर्वम् ड्लमडलया शिवे सर्वार्थ साधिके। शरण्ये त्र्यम्बके गौरि नारायण नमोऽस्तु ते!!"

"प्रणाम दादू..."

महेन्द्र ने दादू के पैर छुए।

"जीते रहो बेटे, आ गये तुम...!"

"जी..."

"जाओ स्नान कर लो, जाओ।"

"मैं घर जा कर नहा लूंगा दादू।"

"अरे नहाती तो गाय भैंसें हैं बेटे...स्नान तो मर्द लोग करते हैं...हां।"

दादू ने उस की क़मीज़ के अन्दर झांक कर देखा।

"क्यों जनेऊ नहीं पहनता ना...पहन ले बेटा, पहन ले...मेरे बाद तुझे कौन कहने वाला है रे...थोड़े दिन रह गये हैं बस...मर जाऊंगा तो मेरा पिंडदान कौन करेगा रे...? पहन ले रे...पहन ले।"

दादू महेन्द्र के कन्धे का सहारा लिये घर तक आ गये। एक बड़े पुराने मॉडल की गाड़ी खड़ी थी। महेन्द्र ने पूछा।

"दादू गाड़ी कैसी चल रही है आपकी?"

"अरे चलती कहां है? परेशान करती है बस। बहुत तंग करती है।"

गार्डन में बिछी कुर्सी पर दोनों जा बैठे। पास ही फल रखे थे ढेर सारे। महेन्द्र ने फिर गाड़ी का ज़िक्र किया।

"क्यों विन्टेज वैलू तो हैं ना?"

"तो विन्टेज वैलू कहां...? न्यू सेन्स वैलू है।"

पास रखे फल उठा कर महेन्द्र खाने लगा, दादू ने टोका।

"अरे...अरे..."

"आदमी को इशारे से बुलाया दादू ने। महेन्द्र ने सफ़ाई दी।

"दांत तो ब्रश कर के आया हूं।"

"मुंह न सही...फल तो धो लो बेटा।"

पास खड़े आदमी ने दादू को शीशा कंघी दिया... दादू बाल झाड़ने लगे। महेन्द्र ने सेब को पास रखे पानी से धोया, फिर खाने लगा। दादू ने पूछा।

"अच्छा है?...अच्छा मीठा है ना?"

"बहुत अच्छा है।"

"भेज दूं एक पेटी, अपने बाग़ीचे का है।"

"नहीं दादू बेकार वेस्ट हो जाएगा। मैं रहता कहां हूं घर पे।"

"तो क्या स्टूडियो में रहता है?"

"बाहर आना जाना बहुत पड़ता है ना...कैम्पेन के लिये।"

"हां...काम तेरा जम गया?"

"हुं..."

"फ़र्स्ट क्लास? वाह...वाह!"

महेन्द्र फल को बड़े प्यार से खाता रहा। घर की सीढ़ी से सुधा की मां पार्वती ग्लास में कुछ लिये आ रही थी। दादू उसे देख कर बोले।

"आओ पार्वती...आओ।"

महेन्द्र ने उठ कर पांव छुए।

"प्रणाम..."

दादू बोले।

"तुम्हारे जंवाई राजा आ गये हैं। हमने बुलवा लिया फिर मत कहना।"

"मैं कब कुछ कहा करती हूं।"

"अब पूछो इनसे, जो पूछना है।"

"मैं...मैं क्या पूछूंगी भाई साहब?"

"बैठो...बैठो।"

पार्वती पास पड़ी कुर्सी पर बैठ गई।

"ख़ुद ही तो कहती हो कि अगले महीने की तारीख़ निकली है। अब दूल्हे मियां से भी तो पूछ लो। वो तैयार हैं कि नहीं।"

महेन्द्र चौकन्ना हो गया।

"अब आप ही पूछ लीजिये...हम को तो पांच साल हो गये इन्तज़ार करते।"

"सुन लिया भाई...हुं।"

महेन्द्र ख़ामोश सर झुका कर बैठा था। दादू बोले।

"वैसे बात ठीक है। पांच साल बहुत होते हैं। मंगनी के बाद...पहले तू पढ़ लिख रहा था तो हमने कुछ नहीं कहा...हम लड़की को पढ़ाते रहे। तुमने कामकाज की ज़रूरत बतलाई तो हमने कहा ठीक है दुकान खोल ले। वैसे अरली मैरिज के हक़ में हम भी कभी नहीं थे...कभी नहीं थे, और दो साल निकल गये। फिर सुधा ने नौकरी कर ली। पंचगनी में पढ़ाती है।"

ये सारी बातें महेन्द्र एक अच्छे बेटे की तरह सिर झुकाये सुनता रहा।

"मालूम है ना तुम्हें?...हुं।"

"जी!"

"वैसे, आई होप यू आर नॉट इन्वोलव्ड विद एनी अदर गर्ल।"

ये सुन कर महेन्द्र ने कहा।

"नो...नो..."

ये बातें दादू ने अंग्रेज़ी में इसलिए कहीं जिस से पार्वती न समझ सके। लेकिन पार्वती पूरी अंग्रेज़ी तो नहीं समझ पाई सिर्फ़ 'गर्ल' लफ़्ज़ को समझ गई—कहने लगी।

"हिंदी में बात कीजिये ना भाई साहब। किस 'गर्ल' की बात कर रहे हैं आप?"

"कुछ नहीं, ऐसे ही मैं पूछ रहा था किसी और लड़की वड़की का चक्कर तो नहीं है। तुम तो जानती हो आज कल..."

"तो सुधा का क्या होगा...? पांच साल से वो..."

"कुछ नहीं होगा...शनिवार को जब सुधा आएगी। तुम भी उससे पूछ लेना, हां!"

"उससे क्या पूछना है। आपकी चरन धूली तो आंखों से लगाती है।"

पार्वती ये कहकर रोने लग गई।

"देख...देख पार्वती वो सब शुरू मत कर हैं?...हमें भी कम अभिमान नहीं है सुधा पर...अपने बेटे से ज़्यादा हम मान देते हैं उसे...हां? तू सुधा से कह दे अब कि हम तारीख़ नहीं बदलेंगे—बस!"

फिर पार्वती से पूछा।

"सात तारीख़ कही थी ना..."

"हां!"

ये सुन कर महेन्द्र चौंक गया।

"अगले महीने?"

"हां!"

"उसमें तो सिर्फ़ आठ दिन हैं...दादू!"

"तो तुम्हें क्या करना है? मंडप में आकर बैठ जाना है। हमें ज़्यादा तामझाम पसंद नहीं।"

दादू खड़े हो गये। घबरा के महेन्द्र भी खड़ा हो गया।

"लेकिन दादू मैं...तो..."

"तुम जल्दी नहीं आ सकते तो, तुम छह तारीख़ को आ जाना...हां! शादी सात की तय है हम ख़ुद शादी करवायेंगे। मंत्र भी हम पढ़ेंगे।"

दादू जाते हुए एक संस्कृत का श्लोक पढ़ते हुए चले गये।

"शूद्ध...शांत देव..."

पंचगनी स्कूल में सुधा हाथों में किताबें लिये हुए लॉन में चल रही थी। साथ-साथ महेन्द्र उससे बात कर रहा था।

"तो आपने दादू से क्यों नहीं कहा?"

"हिम्मत नहीं हुई...जब मंगनी हुई थी उस वक़्त सचमुच कोई नहीं था। माया से मिले दो-ढाई साल हो गये हैं। इन सालों में ऐसा नहीं हुआ है कि वो शहर में हो...और हम साथ न हों। हम दोनों ने सिर्फ़ शादी नहीं की वरना...मेरा मतलब है दोनों साथ रहे...एक साथ।"

सुधा आगे बढ़ गई। पीछे से महेन्द्र ने उससे कहा।

"नाऊ वाट कैन आई से।"

"मुझसे क्या चाहते हैं?"

"ऐसा नहीं हो सकता कि ये शादी..."

"न हो...? मैं ये कह दूं...मुझे कोई और मिल गया है हूं...?"

"सच तो ये है कि पिछले दो सालों से मैं कुछ ऐसी ही उम्मीद कर रहा था। आप ईंडिपेंडेंट भी हैं... और..."

ये सुन कर सुधा मुस्करा दी। महेन्द्र ने कहा।

"घर से दूर अकेली रहती हैं और यूं भी तो... मतलब..."

"मतलब देखने में ख़ूबसूरत हूं-है ना?...क्या फ़ायदा?...आप ही ने पसंद नहीं किया तो दूसरा कैसे गले बांध लेगा?"

"ऐसे मत कहिये...मैं वैसे ही गिलटी महसूस कर रहा हूं। इसलिए ईमानदारी के साथ आपके पास आ गया...दादू तो जान से ही मार डालेंगे मुझे।"

"और मेरी मां...वो तो शायद सदमे से ही मर जाए। आप नहीं जानते उसे।"

"फिर क्या करूं..."

"मेरी मानिये ज़िन्दगी को लगाम मत डालिये। आपके मोड़ने से ये नहीं मुड़ेगी। मैं ज़्यादा टीचर की तरह बोल रही हूं...है ना?"

"हुं..."

"देखिये जो सच है, सही है, वही कीजिये।"

"यानी...?"

"माया को साथ लेकर सीधे दादू के पास चले जाइये...और जैसा वो कहें वैसा कीजिये।"

"और...और उन्होंने अगर...?"

सुधा ने गर्दन हिलाई।

"उं हूं...वो कोई ज़बरदस्ती नहीं करेंगे। इतना मैं जानती हूं। दादू ने सिर्फ़ आपको ही नहीं पाल-पोस के बड़ा किया है। मैं भी उनके आसपास पली हूं।"

"और आपकी मां..."

"वो पहले भी दादू की ज़िम्मेदारी थी...अब भी वही संभालेंगे।"

महेन्द्र सुधा से मिलने के बाद अपने शहर वाले घर गया। घर में नौकर को आवाज़ दी।

"माधव...ओ माधव।"

"हां साहब!"

"कोई आया था?"

"माया मेम साहब आई थीं।"

"हैं...?"

"वो जल्दी में थीं...अन्दर से कुछ चीज़ें लेकर चली गईं।"

"कुछ कहा उन्होंने?"

"कह रही थीं...चिट्ठी लिख कर जा रही हूं।"

महेन्द्र चिट्ठी के लिए कमरे में चला गया। इधर-उधर चिट्ठी को ढूंढ़ता रहा। जब नहीं मिली तो माधव को फिर आवाज़ दी।

"माधव!"

माधव महेन्द्र के पास आया।

"कहां है चिट्ठी...?"

"हमें क्या पता साहब। हमको तो बस बोल के चली गईं।"

"पर गई कहां?"

"इतना कभी बताती हैं क्या?...आप तो जानते हैं। हमेशा जल्दी में रहती हैं।"

"हुं!"

महेन्द्र कुछ सोच कर फ़ोन करने लगा। फिर दीवार पर लगे बड़े शीशे पर नज़र पड़ी तो उस पर लिपस्टिक से कुछ लिखा था।

"बिना बताये चले जाते हो
जाके बताऊं कैसा लगता है?
माया...!"

महेन्द्र एक आर्ट हाउस में पहुंचा जहां माया की सहेली काम करती थी। उससे माया के बारे में पता करना चाहा।

"हैलो मोना!"

"ओ...हाय महेन्द्र। तुम वाई से कब आये?"

"अभी पहुंचा। तुम्हारा फ़ोन नहीं लग रहा, कब से कोशिश कर रहा था।"

"कॉफ़ी पियोगे...?"

"माया कहां है मोना?"

"माया..."

मोना ने जेब से एक चिट्ठी निकाल दी। महेन्द्र ने चिट्ठी ली और खोल कर पढ़ने लगा।

"चलते चलते मेरा साया
कभी कभी यूं करता है
ज़मीन से उठके, सामने आकर
हाथ पकड़ कर कहता है
अब की बार मैं आगे आगे चलता हूं
और तू मेरा पीछा करके देख ज़रा क्या होता है?"

महेन्द्र ने गुस्से से चिट्ठी फेंक दी। मोना बोली।

"मुझे तुम्हारा ही इन्तज़ार था...माया ने कहा था तुम जब लौटोगे, तो ज़रूर मिलने आओगे।"

"कहां गई वो...? कब गई...?"

"तुम्हारे जाने के दो दिन के बाद।"

"कहां...?"

"उसने कभी बताया है क्या?"

"आएगी कब?"

"वो भी नहीं बताया...ख़ुद ही नहीं जानती तो किसी को क्या बताएगी? तुम तो जानते हो... पिछली दफ़ा जब गई थी तो तीन-चार महीने तक ग़ायब थी...और उसके पहले..."

"उस बार तो वो घर गई थी।"

"घर...? घर है ही कहां?"

मोना दुकान के सामान पर दामों की चिट लगा रही थी और बातचीत कर रही थी।

"वहीं से तो भागती है वो...उसके मां-बाप उससे तंग आ चुके हैं। उन्होंने तो उसी दिन उसे त्याग

दिया था जिस दिन फ़िल्म इंस्टीट्यूट एक्टर बनने गई थी।"

महेन्द्र सोच में पड़ गया। अब वो क्या करे? एक तरफ़ वो कहीं चली गई और दूसरी तरफ़ दादू ने शादी तय कर दी थी।

"ओह हैल...अब मैं उसे ढूंढूंगा कहां?"

"रीलैक्स महेन्द्र! ढूंढने से वो नहीं मिलेगी। वो चीज़ ही कुछ ऐसी है जैसे वो मेरे पास आ टपकी थी...वैसे तुम्हारे पास जा पहुंची। उसी के लफ़्ज़ों में...मोना मैं सूखे पत्ते की तरह उड़ कर महेन्द्र के कालर पर जा अटकी। इतने दिन तो तुम्हें मिलने के बाद ही टिकी है वरना..."

"मोना अगर इस बार वो कल परसों तक नहीं लौटी...सब ख़त्म हो जाएगा।"

"क्यूं...क्या हो जाएगा?"

"शादी...!"

"किसके साथ?"

"सुधा के साथ!"

डार्करूम में लाल लाइट जल रही थी जिसकी रोशनी में महेन्द्र फ़ोटो प्रिंटिंग का काम कर रहा था। वहां प्लेट में एक फ़ोटो शक्ल ले रही थी। हल्का-हल्का महेन्द्र और उसके बग़ल में सुधा खड़ी नज़र आ रही थी। दरवाज़े पर दस्तक हुई। महेन्द्र ने काम करते हुए मुड़ कर पूछा।

"क्या हुआ सुधा...?"

सुधा बाहर दरवाज़े पर खड़ी थी।

"क्या कर रहे हैं आप? दरवाज़ा खोलिये।"

"अरे डार्क रूम में और क्या कर सकता हूं...तसवीर निकाल रहा हूं।"

"किस की...?"

"एक लड़की की।"

"कौन है...?"

"इस लड़की से दो महीने हुए मैंने शादी की है।"

"मुझे नहीं चाहिये।"

"क्या नहीं चाहिये? तसवीर या शादी?"

"उफ़्फ़ो...दरवाज़ा तो खोलिये।"

डार्करूम की लाइट ऑन हो गई...जो अभी तक लाल नज़र आ रहा था वो नॉरमल हो गया।

"आ जाओ।"

सुधा अन्दर चली गई।

"उफ़्फ़ो..."

"ये देखो...आपकी शादी की तसवीर!"

सुधा ने हंस कर कहा।

"वो रामगोपाल बैठा हुआ है। उसको पैसे देने हैं।"

"दे दो पर्स में से।"

"कहां है?"

"वो वहां होगा—सामने।"

महेन्द्र अपने काम में उलझ गया। सुधा ने पर्स उठा लिया और जब खोला तो उसमें...माया की फ़ोटो लगी थी। सुधा ने फ़ोटो देखकर झिझकते हुए कहा।

"आप ही निकाल कर दीजिये...चालीस रुपये।"

महेन्द्र ने पर्स लेते हुए कहा।

"क्यूं ले लो ना।"

महेन्द्र ने पर्स ले लिया उसमें माया की फ़ोटो देखी फिर सुधा की तरफ़ देखने लगा। सुधा बोल पड़ी।

"मैं शायद तंग ख़्याल नज़र आती हूं, लेकिन मैं ऐसी ही हूं। बस जैसी हूं, सामने हूं।"

"बुरा मत मानो सुधा। मैं जानता हूं माया बहुत ज़्यादा बसी हुई थी इस घर में...अब हर जगह से तो निकाल दिया उसे...कहीं कोने खुदरे में बच गई है। वहां से भी हट जाएगी।"

पैसे लेते हुए सुधा ने कहा।

"मैं कहां कहती हूं हटा दो उसे, या निकाल दो उसे। सिर्फ़ ये कि सब कुछ ही बंटा हुआ लग रहा है इस घर में...जिस चीज़ को छूने जाती हूं...लगता है किसी और की चीज़ को छू रही हूं। पूरा-पूरा अपना कुछ भी नहीं लगता।"

सुधा ये कहकर वहां से चली गई। महेन्द्र उसे जाते देखता रह गया। सुधा दूसरे कमरे में गई और रामगोपाल को बुलाने लगी।

"रामगोपाल कितने पैसे हुए? दस रुपये कम हैं? ठीक है देती हूं।"

महेन्द्र कमरे में आया...पर्स में से माया की फ़ोटो निकाल कर जहां पैसे रखे जाते हैं वहां रख दी और पर्स वहीं टेबल पर रख दिया। सुधा बाहर से बोलती हुई आई।

"सुनते हो...दस रुपये और चाहिये।"

टेबल पर पड़े पर्स को उठाया और दस रुपये निकाल लिये। लेकिन दस रुपये के साथ-साथ माया की फ़ोटू अलग पड़ी देखी। सुधा ग़ौर से देखने लगी और फ़ोटो को फिर वहीं पर्स में लगा दिया जहां पहले लगी थी।

माज़ी से निकल कर—वही रेलवे स्टेशन, वही बरसाती रात...टेबल पर पड़े पर्स से महेन्द्र ने पैसे निकाले और वेटर के पीछे-पीछे बाहर चला गया।

"अरे सुनो पैसे लेते जाओ...बाक़ी छुट्टा रख लेना।"

अन्दर टेबल पर बैठी सुधा ने उस पड़े हुए पर्स में देखना चाहा अब किस की फ़ोटो लगी है। महेन्द्र बाहर खड़ा वेटर से बात कर रहा था।

"सुनो...यहां पर कुछ खाने वाने को मिलेगा क्या?"

"अभी तो सब बन्द हो गया साहब।"

"कुछ भी नहीं मिलेगा?"

"कुछ भी नहीं।"

"बिस्कुट, समोसा, वमोसा कुछ भी नहीं?"

"कुछ भी नहीं मिलेगा साहब।"

"अच्छा जाओ।"

बाहर बारिश बहुत ज़ोर से हो रही थी। वेटर चला गया। महेन्द्र लौट आया। सुधा से कहा।

"बारिश तो और बढ़ गई। लगता नहीं आज थमेगी।"

सुधा ने जवाब दिया।

"बरस जाएगी तो...अपने आप थम जाएगी।"

महेन्द्र ने सिगरेट के पैकिट से एक सिगरेट निकाल कर मुंह में लगायी और माचिस ढूंढ़ने लगा। सुधा ने उठकर अपने पर्स से माचिस निकाल कर महेन्द्र को दी। माचिस को देख कर महेन्द्र ने पूछा।

"अब भी माचिस रखती हो?...पहले तो मेरे लिये रखती थीं, और अब..."

महेन्द्र ने सिगरेट जलायी। सुधा ने मुस्करा के जवाब दिया।

"अब अपने लिये रखती हूं।"

सुधा पास पड़ी कुर्सी पर बैठ गई।

"मतलब सिगरेट पीना शुरू कर दिया क्या?..."

"नहीं...आपकी भूलने की आदत नहीं गई। मेरी रखने की आदत नहीं गई।"

महेन्द्र ने मुस्कराते हुए एक नज़्म की कुछ सतरें दोहराईं।

"आदतें भी अजीब होती हैं
सांस लेना भी कैसी आदत है
जिए जाना भी क्या रेवायत है
जिए जाते हैं
जिए जाते हैं
आदतें भी अजीब होती हैं।"

सुधा ने सुनकर पूछा।

"माया की नज़्म है?"

महेन्द्र ने सर हिला कर हां में जवाब दिया।

"माया को बारिश बहुत पसन्द थी...है ना?"

"हां...थी...तो।"

"अब नहीं जाती वो बारिश में घूमने।"

महेन्द्र एक पल को रुका और पूछा।

"सुबह कौन सी गाड़ी है तुम्हारी?"

महेन्द्र ने जानबूझ कर सुधा के आख़िरी सवाल का जवाब नहीं दिया। इस बार सुधा ने बे-दिली से जवाब दिया था, वो माया के बारे में जानना चाहती थी।

"सुबह की...रात की गाड़ी कैनसल हो गई ना, इस लिए दूसरी गाड़ी ही मिलेगी...साढ़े सात बजे की।"

"मेरी गाड़ी का भी वक़्त वही है।"

"पता है मुझे...आप कुली से बात कर रहे थे तभी समझ गई थी। एक रात के लिये तो..."

वो कुछ कहते-कहते रुक गई।

"क्या? एक रात के लिये...एक रात के लिये तो बर्दाश्त करना ही पड़ेगा...है ना?"

"मैंने ये तो नहीं कहा था।"

"हां, कहा तो नहीं...लेकिन...ख़ैर जहां इतने साल बर्दाश्त किये थे, उसमें एक रात और जोड़ लो।"

सुधा गुस्से में।

"किस ने बर्दाश्त किये थे?"

"तुमने नेच्युरली...मैंने कहां कुछ बर्दाश्त किया। मैंने क्या कोई बेईमानी की थी तुम्हारे साथ?"

"देखिये ये घर नहीं है वेटिंग रूम है।"

"घर भी तो वही था...वेटिंग रूम।"

ये कहते हुए वो खड़ा हो गया। सुधा बोली।

"आप वो सब क्यूं शुरू करना चाहते हैं?"

महेन्द्र दूसरी कुर्सी पर बैठ कर सिगरेट पीने लगा।

"मैंने तो कुछ कहा नहीं, कुछ मांगा नहीं..."

"वही तो...वही तो मैं कह रहा हूं...अगर कुछ कहा होता..."

उसी वक़्त स्टेशन मास्टर दाख़िल हुआ और बोला।

"बहुत बारिश हो रही है...बाहर।"

स्टेशन मास्टर तेज़ी से अपने सामान के पास गया। बारिश से उसका दिल बहुत ख़ुश था।

"हवा में काफ़ी ख़न्की आ गई है ना।"

सुधा और महेन्द्र चुप हो गये थे। महेन्द्र ने स्टेशन मास्टर से पूछा।

"क्या पी रहे हैं...आप?"

"जी! यूं ही थोड़ी सी...वरना ठंड लग जाती है मुझे।"

"क्या है?...व्हिस्की है?"

"जी हां...आप पीते हैं?"

महेन्द्र सोच में पड़ गया था। सच बाहर का मौसम पीने वाला ही था।

"हां...हां...पीता हूं।"

"बनाऊं एक ग्लास?..."

"एक ग्लास पूरा?..."

"नहीं...नहीं...मेरा मतलब एक पैग।"

महेन्द्र मुस्करा रहा था। सुधा महेन्द्र की तरफ़ देख रही थी। महेन्द्र ने कहा।

"जी बना दीजिये।"

अचानक सुधा बोल पड़ी।

"जी नहीं। कोई ज़रूरत नहीं...ये नहीं पीते।"

"बारिश बहुत हो रही है। ठंड वंड लग गई तो..."

महेन्द्र ठंड महसूस करते हुए हाथों को रगड़ने लगा।

"नहीं लगती...ठंड, जैकिट पहन लीजिये।"

सुधा ने बड़े हक़ से कहा था।

"लीजिये, व्हिस्की नहीं पी, जैकिट पहन ली। ऐसा भी होता है। बहुत फ़र्क़ है भई दोनों बातों में...क्यूं स्टेशन मास्टर साहब?"

स्टेशन मास्टर अपना पैग पी रहे थे, घूम कर देखने लगे।

"आप लोग एक-दूसरे को जानते हैं?"

"हां!...अभी तो आपने शाम को चाबी दिलाई थी।"

"नहीं...नहीं मेरा मतलब है पहले से।"

''बहुत पहले से मतलब... *(मुस्करा के)* जन्म जन्मांतर का रिश्ता-विश्ता नहीं है।''

सुधा महेन्द्र को देख रही थी।

''बस एक रात की बात है...आदमी अच्छी तरह काट ले तो बहुत है। क्या ख़्याल है आपका?''

''जी हां। और है क्या...ये ज़िन्दगी भी तो एक वेटिंग रूम है।''

महेन्द्र हंस पड़ा।

''वही...वही मैं भी कह रहा था इनसे।''

अचानक सुधा बोली।

''बस भी कीजिये ना।''

स्टेशन मास्टर अपना ग्लास ख़त्म कर के जाने लगा तो महेन्द्र ने पूछा।

''स्टेशन मास्टरजी...ज़िन्दगी के इस वेटिंग रूम में कुछ खाने वाने का इन्तज़ाम हो सकता है?''

''खाने को तो कुछ नहीं मिलेगा भाई साहब...इस वक़्त तो यहां का चाय वाला भी बन्द करके चला गया।''

''आप कुछ खाते नहीं...पीते रहते हैं बस।''

''खाता हूं...दो उबले हुए अंडे हैं मेरे पास, एक आप ले लीजिये।''

''नहीं...क्या है कि ये मेम साहब तो वेजिटेरियन हैं। अंडे को हाथ लगाना क्या, देखती भी नहीं अंडों की तरफ़।''

सुधा इस बात पे चिढ़ गई। कुछ कहना चाहा पर चुप हो गई। महेन्द्र ने पूछा।

''बाहर जाकर कुछ इन्तज़ाम नहीं हो सकता?''

''बहुत मुश्किल है साहब। हर तरफ़ पानी भरा हुआ है। जाने के लिए तांगा, रिक्शा कुछ नहीं मिलेगा। कहिये तो सोने के लिए तकिया भेज देता हूं।''

महेन्द्र हंस पड़ा।

"अरे तकिया खाकर...नींद थोड़े ही आएगी साहब।"

सुधा दबी ज़बान में बोली।

"अब छोड़िए भी...जाने भी दीजिये।"

स्टेशन मास्टर वहां से प्लेटफ़ॉर्म पर चला गया था। सुधा और महेन्द्र वैसे ही बैठे थे। सुधा कहने लगी।

"वो स्टेशन मास्टर क्या समझता होगा?"

"क्या समझता होगा! समझेगा मैंने तुम्हें पटा लिया। और क्या?"

"छी..."

"तो ठीक ही समझेगा। पुराने जन्म जन्मांतर के वाक़िफ़ हैं। मैं जाकर कुछ खाने वाने का इन्तज़ाम करता हूं।"

"रहने दीजिये ना...मुझे भूख नहीं है।"

"भूख कैसे नहीं है। मुझसे पहले से तुम बैठी हो। कुछ खाया भी नहीं होगा।"

"लेकिन मुझे भूख नहीं है।"

महेन्द्र ने अपनी कुर्सी से उठकर पास पड़ी जैकिट पहन ली। खिड़की से बाहर बारिश नज़र आ रही थी।

"फिर वही sacrifice...! sacrifice all the time.... मैं जाकर देखता हूं।"

महेन्द्र चला गया। सुधा वहीं बैठी रही।

महेन्द्र को प्लेटफ़ॉर्म पर कोई नज़र नहीं आया। दूर लाल सिगनल की रौशनी चमक रही थी। बारिश उसी ज़ोर से हो रही थी। पास पड़ी साइकिल देखी तो महेन्द्र क़रीब जाकर उसके

पहियों की हवा देखने लगा। फिर इधर-उधर देखा। तभी पीछे से स्टेशन मास्टर ने आकर उसकी पीठ पर हाथ से थपथपाते हुए कहा।

"क्या ढूंढ़ रहे हैं आप?"

"ये साइकिल किसकी है?"

"क्या कीजिएगा?"

"मैं सोच रहा था बाहर जाकर ज़रा खाने वाने का देखा जाए।"

स्टेशन मास्टर ने हंस कर समझाया।

"बहुत नीचे जाना पड़ेगा...और बारिश भी हो रही है।"

"अरे...आप साइकिल तो दिला दीजिये...मैं कोशिश करता हूं।"

"ले लीजिये।"

"रेनकोट होगा आपके पास?"

"रेनवेन कोट नहीं है। छतरी का इन्तज़ाम हो सकता है।"

"इस बारिश में छतरी तो...साइकिल ले जाऊं?"

"ले जाईये।"

स्टेशन मास्टर दूसरी तरफ़ चल दिया। महेन्द्र ने साइकिल उठाई और बारिश में बाहर चला गया।

सुधा वेटिंग रूम में बैठी थी कि कुछ गिरने की आवाज़ आई...और साथ ही कुत्ते के भौंकने की आवाज़ भी आई और कोई चिल्ला रहा था।

"चल हट...साला भौंकता रहता है...कभी भी।"

सुधा ये सुन कर उठी...दरवाज़े तक गई...बाहर बारिश थी। कुछ सोच कर दरवाज़ा बन्द कर

दिया और ऊपर से चटख़नी भी लगा दी। वहां से चलती हुई पूरे वेटिंग रूम को घूम कर देखा। खुली हुई खिड़की के पास गई...बाहर बारिश को देखने लगी। अपनी आंखों का चश्मा उतार कर साड़ी के पल्लू से पोंछा, फिर आंखों पे लगा लिया। फिर वो उसी टेबल के पास आई जहां पर महेन्द्र का सारा सामान बिखरा पड़ा था। सुधा उसके सामान को संभाल कर उसके बैग में रखने लगी...पास रखे कैमरे को देख कर अपनी आंखों पर लगा कर देखा। जैसे फ़ोटो खींचना चाहती थी। फिर माज़ी की एक झलक आंखों में दौड़ गई।

समुद्र का किनारा। महेन्द्र भाग रहा था। सुधा कैमरा लेकर उसका पीछा कर रही थी। सुधा महेन्द्र की फ़ोटो लेने की कोशिश कर रही थी।

माज़ी का तिलस्म टूटा तो...महेन्द्र बारिश में भीगा हुआ वेटिंग रूम के दरवाज़े पर दस्तक दे रहा था। सुधा खिड़की पर बैठी बारिश देख रही थी। आवाज़ सुन कर चौंकी।

''कौन है?...''

''देवदास...दरवाज़ा खोलो पारो।''

सुधा ने आकर दरवाज़ा खोल दिया। सामने महेन्द्र पूरा भीगा हुआ खड़ा था। बड़े हक़ से सुधा गुस्से में बोली।

“कहां चले गये थे आप?”

“खाना लाने गया था आपके लिये...गर्मा गर्म।”

“क्या हो गया है आप को?...आप तो...आप तो आधे पागल हैं...सच्ची।”

महेन्द्र ने खाना लाकर बीच वाली टेबल पर रख दिया।

“आधा क्यूं?”

“पूरे पागल हैं बस...चलिये उधर बैठिये।”

महेन्द्र कुर्सी पर जाकर बैठ गया। उसने अपनी जैकेट उतारी, फिर जूते, जिनमें पानी भर गया था। सुधा पास पड़ा तौलिया उठा कर महेन्द्र के बाल और दाढ़ी को पोछने लगी। ये सब देख कर महेन्द्र ने सुधा की तरफ़ देखा और मुस्करा दिया। सुधा भी ये करते हुए झिझक गई। फिर कहने लगी।

“चलिये कपड़े बदल लीजिये।”

महेन्द्र सूटकेस से क़मीज़ निकालने के लिये बढ़ रहा था, सुधा ने कहा।

“मैं निकाल देती हूं...आप बदन पोंछिये।”

महेन्द्र भीगी क़मीज़ निकाल कर बदन पोंछने लगा। सुधा उसका सूटकेस खोल कर उसके कपड़े निकालने लगी। बाथरूम के पास जाते हुए महेन्द्र को छींक आ गई।

“देखा ना सर्दी लग गई।”

“तो...?”

महेन्द्र ने इशारा किया कि स्टेशन मास्टर की शराब वहीं पड़ी है।

“वो पड़ी है वहां...पी लूं थोड़ी सी।”

“चलिये चलिये जाइये...कपड़े बदलिये।”

सुधा ने बाथरूम जाने का इशारा किया।

"लगी नहीं तो लग जाएगी...ऐवईं।"

महेन्द्र बाथरूम में चला गया। सुधा ने खाने का पैकेट खोल कर देखा उसके मुंह से निकला।

"ऊ...मां..."

"क्या हुआ?...कहता हुआ बाथरूम से बाहर आ गया।"

"क्या हुआ?"

सुधा के हाथ में खाना था जो महेन्द्र अभी अभी लेकर आया था...जिस में पूरा पानी भर गया था। रोटियां भीगा हुआ रूमाल बन चुकी थीं। दाल, सब्ज़ी सब पानी पानी।

महेन्द्र और सुधा अपनी हंसी रोक नहीं पाये। बड़ी देर के बाद दोनों खुल कर हंसे...जैसे एक हो गये हों।

"बड़े गये थे खाना लाने।"

हंसना दोनों का रुक नहीं रहा था। महेन्द्र ने कपड़े बदलते हुए कहा।

"ऐसे में...एक गर्मागर्म चाय मिल जाए तो..."

सुधा फिर माज़ी की झलक में बह गई।

सुधा नई-नई ब्याह के आई थी। एक कप चाय लेकर महेन्द्र के पास पहुंची...जो घर के बाग़ीचे में सीढ़ियों पर बैठा अख़बार पढ़ रहा था।

"चाय लीजिये।"

महेन्द्र ने चाय का कप ले लिया।

"सुबह सुबह कितने कप चाय पीते हैं आप?"

"जितने मिल जाएं।"

"और अगर न मिले तो?"

"तो मांगता रहता हूं...जब तक मिल न जाए।"

"तो फिर बेशक आप मांगते रहिये...चाय और नहीं मिलेगी।"

"वजह पूछ सकता हूं?"

"न दूध है, न चाय, न चीनी..."

"झूठ बोल रही हो?"

"हां।"

"बड़ी कमीनी हो।"

सुधा कप उठा कर जाने लगी तो महेन्द्र ने उसे ज़बरदस्ती बिठा लिया।

"अरे बैठो...बैठो ना। क्या सुबह-सुबह बीवियों की तरह काम करना शुरू कर देती हो। बैठो यहां।"

महेन्द्र ने अपने क़रीब बिठा कर...अख़बार खोलते हुए कहा।

"दुनिया के हालात सुनो...इन्द्राजी ने क्या छुट्टी की है जनता की। रायबरेली की सीट तो जीती और सब में..."

बोर होकर सुधा बोली।

"मैं जाती हूं।"

"अच्छा...बैठो...बैठो।"

हाथ पकड़ कर फिर बिठा लिया।

"इंट्रस्टिंग (interesting) ख़बर सुनाता हूं। प्रेज़ीडेन्ट (President) रेगन के सिलेक्शन से एक बात तो साबित हो गई है।"

"क्या...?"

"बुरे एक्टर प्रेज़ीडेन्ट ज़रूर बन सकते हैं।"

सुधा ने हंसते हुए कहा।

"मुझे कोई दिलचस्पी नहीं।"

सुधा कप लेकर चली गई।

"अरे सुनो..."

सुधा कप लेकर अन्दर आ गई, पीछे-पीछे महेन्द्र भी अख़बार लिये चला आया।

"अरे सुनो तो...दुनिया में क्या हो रहा है उसमें तुम्हें कोई दिलचस्पी नहीं।"

"घर में क्या हो रहा है इस में कोई दिलचस्पी है आपको?"

"हां क्यूं नहीं...क्यूं भई...क्या हो रहा है घर में?"

"आपका नाश्ता तैयार हो रहा है। जैसे ही आप नहा के आयेंगे...मेज़ पर लगा दिया जाएगा.. और ऑफ़िस का टाइम आपको खुद ही मालूम है। मैं बीवियों की तरह याद नहीं दिलाऊंगी। जाएं तो अच्छा है...न जाएं तो और भी अच्छा है।"

महेन्द्र सुधा की तरफ़ ध्यान से देख रहा था। उसके ख़्यालात को समझने की कोशिश कर रहा था।

"तुम्हें देख कर लगता नहीं कि पहली बार शादी हुई है तुम्हारी।"

"मतलब...?"

"मतलब बड़ी एक्सपर्ट (expert) बीवी दिखाई देती हो।"

सुधा ये सुनकर हंस दी...महेन्द्र भी।

सुधा हाथ में जनेऊ लिये पूजा घर में गई, वहीं रखी हल्दी और चंदन और गंगा जल से जनऊ को धोया और महेन्द्र को पहनाने के लिए उसके पास आई।

"ये जनेऊ किस लिए? दादू आ रहे हैं क्या?"
"हां...मां का फ़ोन आया था दादू बदरीनाथ जा रहे हैं। जाने से पहले, मिल के जाना चाहते हैं...
ऊं भूर्भुवः स्वः तत्सवितुवरिण्यं भर्गो देवस्य धीमही धियो यो नाः प्रचोदयात्।"
"आप भी दादू से कुछ कम नहीं...बड़ी गम्भीर आवाज़ में मंत्र पढ़ती हैं।"

फ़ोन की घन्टी बजने गली। महेन्द्र ने सुधा से कहा।

"ज़रा देखना।"

सुधा फ़ोन उठाने गई।

"हैलो...हां मैं सुधा बोल रही हूं।"

दूसरी तरफ़ की आवाज़ सुन कर सुधा के चेहरे का रंग बदल गया।

"जी...एक मिनट अभी देती हूं।"

तभी महेन्द्र आ गया।

"आपका फ़ोन।"
"कौन है?"

सुधा एक पल को चुप हो गई। दूसरे पल कहा।

"माया है।"

महेन्द्र ने एक पल कुछ सोचा, फिर कहा।

"उससे कह दो दफ़तर में फ़ोन करे।"
"आप खुद ही कह दीजिये।"

सुधा फ़ोन रख कर वहां से चली गई। महेन्द्र ने फ़ोन उठाया।

"हैलो..."

महेन्द्र को उधर से कोई आवाज़ नहीं सुनाई दी। उसने फ़ोन रख दिया था।

सुधा दूसरे कमरे में आकर कुछ काम करने लगी। महेन्द्र भी आ गया। सुधा वहां से जाने लगी तो महेन्द्र ने उसका हाथ पकड़ के रोका।

"सुधा...सुधा सुनो। इस तरह छोटा न करो मुझे। मैंने कुछ छुपाया तो नहीं? माया से बर्दाश्त नहीं होता इसलिए फ़ोन कर लेती है। मैं बर्दाश्त कर पाता हूं। इसलिए फ़ोन भी नहीं करता। मिलता भी नही...! लेकिन सच तो ये है कि, हम दोनों एक दूसरे को छोड़ने की...हम दोनों एक दूसरे को छोड़ कर जीने की कोशिश कर रहे हैं। मेरे साथ तो तुम हो...उसके साथ तो कोई नहीं।"

फिर फ़ोन की घन्टी बजने लगी। दोनों फ़ोन देखने लगे।

महेन्द्र ऑफ़िस में था...एक शख़्स के साथ बैठा कुछ काम कर रहा था। एक आदमी ने फ़ोन का इशारा किया।

"क्या है?"

महेन्द्र उठ कर उस आदमी के पास गया और पूछा।

"हुं।"

"माया का फ़ोन है। कह दूं नहीं हो।"

"क्यूं?...मैं अपने केबिन में ले लेता हूं।"

महेन्द्र अपने केबिन में आया...कुर्सी पर बैठा और कुछ सोच कर फ़ोन उठाया।

"हैलो...हैलो माया।"

दूसरी तरफ़ माया फ़ोन को कानों पे लेकर खड़ी थी और कह रही थी।

"महेन्द्र...जानते हो दीदी की आवाज़ तुमसे ज़्यादा प्यारी है...ऐसे लगता है...कांच के गले से निकल रही है। मैं दीदी से बात करना चाहती थी...लेकिन डर गई, दीदी मारेगी तो नहीं।"

महेन्द्र ने सोच कर जवाब दिया।

"कम से कम फ़ोन पे नहीं मार सकती।"

"महेन्द्र...सांसें बहुत छोटी छोटी हो रही हैं। सव्वेयों की तरह...एक लम्बी सी सांस मुझे उधार दे देना, प्लीज़...पूना से 'मोहंजूदाड़ो' तक। बस...फिर मैं बहुत दिनों के लिए तुम्हें तंग नहीं करूंगी। मैं वैसे भी अकेली ही अपने दुख का कारण बनी रहती हूं। अब और किसी के लिए नहीं बनना चाहती...और तुम्हारे लिए...तुम्हारे लिए तो कभी नहीं...कभी भी नहीं।"

ये सब सुन कर महेन्द्र के हाथ से फ़ोन छूट गया और उसका रोने को जी करने लगा।

"महेन्द्र...महेन्द्र..."

दूसरी तरफ़ से कोई आवाज़ नहीं आई। माया ने फ़ोन के माऊथ पीस को चूम लिया और फ़ोन नीचे रख दिया। दूसरी तरफ़ महेन्द्र ने फ़ोन को फिर से कान पर लगाया...माया ने फ़ोन रख दिया था। उसके आंसू निकल पड़े।

महेन्द्र फ़ोटो प्रिंट कटिंग कर रहा था। जब सुधा ने आवाज़ दी। और कोई कपड़ा लाकर दिखाया महेन्द्र को।

"सुनिये...ये क्या है?...ये तीन गज़ का मफ़लर।"

"कहां से मिला?"

"ऊपर अटैची में पड़ा था। मगर ये है क्या?.."

"मफ़लर ही है, पर कहते कुछ और हैं इसे...माया का है। नेपाल से लाई थी।"

"और भी कुछ चीज़ें पड़ी हैं उसकी। बहुत क़ीमती लगती हैं। उसे दे क्यूं नहीं देते?...काम आ जाएंगी।"

"मतलब...?"

"आं...एक वुलन कोट है बहुत ख़ूबसूरत है, एक जींस है, कुछ मेकअप का सामान पड़ा है, गोगल्स हैं। न आप इस्तेमाल कर सकते हैं न मैं..."

महेन्द्र कुछ बोला नहीं, अपना काम करने लगा। सुधा ने फिर कहा।

"मुझे रखने में ऐतराज़ नहीं...मैं तो इसलिए कह रही थी कि सब...क़ीमती चीज़ें हैं। पड़े-पड़े ज़ाया हो जाएंगी।"

"हूं...ठीक है निकलवा लो...माधव के हाथ भिजवा दूंगा।"

"नहीं! बुरा लगेगा। आप ख़ुद क्यूं नहीं दे आते?...या कम से कम फ़ोन कर दीजिये।"

महेन्द्र चुप हो गया, सुधा दूसरे कमरे में चली गई। महेन्द्र पास की दराज़ में कुछ ढूंढ़ने लगा। सुधा माया का कुछ और सामान लेकर आ गई।

"देखिये...ये...क्या ढूंढ़ रहे हैं आप?"

"कुछ पेपर्स थे यहां रखे हुए..."

"ख़त माया के..."

"हूं।"

"मैंने संभाल के रखे हैं। देती हूं।"

सुधा बेडरूम में गई। पीछे-पीछे महेन्द्र भी आ गया। सुधा ने अलमारी से एक सुंदर सा

छोटा सा बॉक्स निकाला जिसमें औरतें ज़ेवर रखती हैं।

"लीजिये..."

महेन्द्र ने वो बॉक्स लिया और उसको खोला तो उसमें ख़त देख कर कहा।

"इसमें तो तुम्हारे ज़ेवर थे।"

"हां...मैंने अपने निकाल के, आपके रख दिये।"

महेन्द्र ने उस बॉक्स से सारे ख़त निकाल के बॉक्स सुधा को दिया।

"लो! रख लो ज़ेवर इसमें।"

"ये क्या कर रहे हैं आप?...ख़त वापस भेज रहे हैं आप!"

"भेज दूं...?"

"बुरा मान गये आप?...आप कहें तो मैं ये सामान भी वापस नहीं भेजती...ऐसा कैसे कर सकते हैं आप?"

"नहीं...नहीं मैं यूं ही कह रहा था...ये ख़त नहीं नज़्में हैं उसकी जो उसने जगह जगह से भेजी हैं। तुम सामान बंधवा दो...मैं भेज दूंगा। मोना से कह दूंगा ले जाएगी।"

महेन्द्र ख़त लेकर चला गया। सुधा अलमारी बन्द कर के महेन्द्र को जाते हुए देखती रही।

शाम का वक़्त था। सुधा तानपूरे के सुर ठीक कर रही थी। महेन्द्र आया और पास पड़े गद्दे पर बैठ गया।

"कुछ सुनाओ ना।"

"मैं तो मिला रही हूं।"

"किससे...?"
"तार मिला रही हूं।"
"अच्छा भला बज तो रहा है...गाओ ना।"
"आप गाइये...मैं सुर देती हूं।"

महेन्द्र हंस पड़ा।

"हमारी म्यूज़िक सैंस की पूछो मत...डर के भाग जाओगी।"

इतने में नौकर चाय रख के चला गया। सुधा ने कहा।

"तो सीख लीजिये।"
"हां...एक बार कोशिश की थी बस काफ़ी था। मैं वाइलन बजाना सीखता था।"
"अच्छा...?"
"जब स्कूल में था...दादू ने वाइलन ला दी थी और बजानी मुझे पड़ गई...जब भी मैं वाइलन बजाता था बाक़ी सब लड़के हंस पड़ते थे।"
"क्यूं...?"
"मैंने बजानी छोड़ दी।"
"लड़के क्यूं हंस पड़ते थे?"
"ओ...हो...बचपन में मैं लेफ़्टी था ना। वाइलन उलटी पकड़ता था।"

महेन्द्र बता रहा था सुधा को, कैसे उलटे हाथ से बजाता था। सुधा भी इस हरकत को देख कर हंस पड़ी।

"आप वायलनिस्ट बनना चाहते थे?"
"अरे बनना तो बहुत कुछ चाहता था...बन कुछ और गया।"

महेन्द्र ने सिगरेट जलायी।

"अच्छा क्या बनना चाहते थे?"
"तुम हंसोगी।"

"नहीं, मैं नहीं हंसूंगी...बताइये ना।"
"नहीं हंसोगी।"
"ऊं...हूं..."
"मैं एक्टर बनना चाहता था।"

इस पे दोनों हंस पड़े।

"अपनी शक्ल स्क्रीन पर देखने का इतना शौक़ था। तुम्हें याद है जब हमारी मंगनी हुई थी...उस वक़्त मुझे न्यूज़ रीडर का मौक़ा मिला था।"
"हां...हां।"
"एक दिन ख़बरें पढ़ते-पढ़ते मैंने सोचा कि...ख़बरों में थोड़े...जज़बात डाल दिये जाएं। ख़बर है कि, गंगा में कश्ती पलट जाने के कारण 45 लोग लापता हैं, 30 लाशें मिलीं हैं। और पन्द्रह लाशों का कुछ पता ही नहीं।"

महेन्द्र पढ़ते हुए आंखों में आंसू भर लाया। आवाज़ रुंध गई और सुधा की हंसी छूट गई। उसी वक़्त फ़ोन बज उठा और दोनों चुप हो गये। महेन्द्र ने कहा।

"तुम ले लो।"
"आप लो...मेरा थोड़े ही है।"

कुछ सोच कर महेन्द्र फ़ोन लेने चला गया।

"हैलो...हां...कैसी हो...हां वो यहीं हैं, सामने बैठी हैं...तुम उनसे खुद ही कह दो ना।"

महेन्द्र फ़ोन उठा कर सुधा के पास ले आया। और कह रहा था।

"हां...वो यहीं हैं अभी...तुम उनसे बात करना चाहती हो ना?"
"मुझे नहीं बात करनी।"
"बुरी बात है सुधा...अब मैंने कह दिया है। सिर्फ़ हैलो तो करो।"

"मैं नहीं...प्लीज़!"

"देखो सुधा...वो तुमसे बात करना चाहती है। सिर्फ़ हैलो कह के फ़ोन रख देना बेशक...तुम्हें मेरी क़सम।"

सुधा ने ख़ामोशी से फ़ोन ले लिया और धीरे से कान पर लगा लिया।

"हैलो..."

उधर की आवाज़ सुन कर उसके चेहरे का तास्सुर बदल गया। ख़ुशी से चमक गया।

"ऐं...कौन?...मां...अरे मैं समझी..."

सुधा ने महेन्द्र को धक्का दिया—महेन्द्र बिस्तर पर गिर गया।

"और नहीं...ख़्वामख़्वाह हंस रहे हैं। हां...क्या हुआ?"

महेन्द्र उसको चिढ़ाता हुआ हंस के वहां से चला गया।

"हां मैं दो चार दिनों में आ जाऊंगी...तुम कैसी हो? मैं बहुत अच्छी हूं...अच्छा।"

फ़ोन रख कर सुधा महेन्द्र की तरफ़ तेज़ी से भागी।

रात का वक़्त था। महेन्द्र अपनी कार से उतर रहा था। सुधा बाहर टंगे कपड़े उतार रही थी। महेन्द्र ने कहा।

"चलिये...छोड़िये...माधव कर देगा सुबह।"

"माधव सो गया लगता है।"

"सो गया होगा...तो फिर उसे जगाने की क्या ज़रूरत है?"

महेन्द्र और सुधा घर में गये तो बाहर वरांडे में माधव सोया हुआ नज़र आया। कमरे में पहुंच कर महेन्द्र अपने कपड़े बदलने लगा। सुधा ने उसके रात में पहनने वाले कपड़े निकाल दिये।

"ये लो..."

महेन्द्र कपड़े बदल रहा था जब माधव ने आवाज़ दी।

"साहब..."

"क्या है माधव?"

"एक तार आया है साहब।"

"तार...?"

महेन्द्र और सुधा हैरान रह गये। किस का तार होगा।

"दादू का तो नहीं है?"

"ओह मां।"

महेन्द्र उठकर दरवाज़े के पास गया तार लेने। सुधा घबरा के गायत्री मंत्र पढ़ने लगी...सब सकुशल हो। महेन्द्र तार लेकर वापस आ गया। एक चिट्ठी की तरह लम्बा तार। महेन्द्र पढ़ने लगा। सुधा ने देख कर कहा।

"ये तो ख़त है...पूरा।"

"हां...टेलीग्राफ़ से भेजा है।"

"किसका है?..."

"माया का।"

"क्या लिखा है?"

"कुछ सामान रह गया है उसका...यहां पर... मंगवाया है उसने।"

"और क्या रह गया है? मुझे तो मालूम नहीं।"

"पढ़ लो।"

"आप ही पढ़ के सुनाइये ना।"

शीशे के सामने सुधा, अपने बालों में कंघी कर रही थी और महेन्द्र वहीं बैठ के पढ़ने लगा।

"सुधा...!"

"हूं।"

"दिस इज़ माया!"

और पढ़ना शुरू किया। एक लम्बी नज़्म थी।

एक दफ़ा वो याद है तुम को,
बिन बत्ती जब साइकिल का चालान हुआ था।
हमने कैसे भूखे प्यासे बेचारों सी एक्टिंग की थी,
हवलदार ने उलटा, एक अठन्नी देकर भेज दिया था
एक चवन्नी मेरी थी,
वो भिजवा दो।

सुधा ने कहा।

"स्वीट...और...?"

महेन्द्र फिर आगे पढ़ने लगा।

सावन के कुछ भीगे भीगे दिन रखे हैं
और मेरे इक ख़त में लिपटी रात पड़ी है
वो रात बुझा दो...
और भी कुछ सामान तुम्हारे पास पड़ा है...
वो भिजवा दो।

सुधा हैरान-हैरान सुन रही थी...महेन्द्र पढ़ रहा था।

पतझड़ है...
पतझड़ में कुछ पत्तों के गिरने की आहट...
कानों में इक बार पहन कर लौट आई थी
पतझड़ की वो शाख़ अभी तक कांप रही है

वो शाख़ गिरा दो
वो भिजवा दो।

एक सौ सोला चांद की रातें...
एक तुम्हारे कान्धे का तिल...

ये लाइन सुन सुधा कान्धे का तिल देखने लगी। उसको कहीं लगा कि, माया कितनी क़रीब थी महेन्द्र के।

गीली मेंहदी की ख़ूशबू
झूटे मूटे वादे कुछ..."

सुधा महेन्द्र के कान्धे पर सिर रख कर रो पड़ी।

"मैंने क्यूं भिजवाया वो सब...यूं भी तो दिन रात माया साथ रह रही है। सामान भी रह जाता, तो क्या हो जाता।"

सुधा रो पड़ी थी...महेन्द्र की भी आंखें भर गई थीं।

माया अपने घर में बैठी...पुरानी यादें समेट रही थी। जो उसने महेंद्र के साथ गुज़ारी थी। और गुनगुना रही थी।

मेरा कुछ सामान
तुम्हारे पास पड़ा है
सावन के कुछ भीगे भीगे दिन रखे हैं
और मेरे इक ख़त में लिपटी रात पड़ी है
वो रात बुझा दो...

मेरा वो सामान लौटा दो...

पतझड़ है...है ना?
पतझड़ में कुछ पत्तों के गिरने की आहट...
कानों में इक बार पहन कर लौट आई थी
पतझड़ की वो शाख़ अभी तक कांप रही है
वो शाख़ गिरा दो

माज़ी के कुछ मनाज़िर उसकी आंखों से गुज़र गये। महेन्द्र और माया मोटरसाइकिल पर घूम रहे थे। बरसात की रात एक छतरी के नीचे आधे भीगे आधे सूखे से घूम रहे थे।

एक अकेली छतरी में जब
आधे आधे भीग रहे थे
आधे सूखे, आधे गीले
सूखा तो मैं ले आई थी
गीला मन शायद बिस्तर के पास पड़ा हो
वो भिजवा दो...

माज़ी के कुछ पल जो महेन्द्र और माया ने साथ गुज़ारे थे नज़र में उभर आये। माया क़ैंची से महेन्द्र के कन्धे की टी-शर्ट काट रही थी जहां से उसका काला तिल नज़र आता था। उस को माया ने चूम लिया।

एक सौ सोला चांद की रातें...
एक तुम्हारे कान्धे का तिल...
गीली मेहंदी की ख़ुशबू

झूठ मूठ के शिकवे कुछ
झूठ मूठ के वादे भी सब, याद करा दो

सब भिजवा दो
मेरा वो सामान लौटा दो...
एक इजाज़त दे दो बस,
जब इसको दफ़नाऊंगी
मैं भी वहीं सो जाऊंगी।

माधव सुधा का सूटकेस लेकर बाहर निकल रहा था। लगता था दोनों सफ़र पे जा रहे हैं। महेन्द्र पीछे से आया और सुधा से पूछा।

"माचिस तो आपके पास होगी ही?..."

"जी...माचिस भी है सिगरेट भी।"

सुधा ने महेन्द्र की सिगरेट जलाते जलाते पूछा।

"एक बात पूछूं?..."

"हूं।"

"अचानक, बाहर जाने का प्रोग्राम कैसे बना लिया आपने?"

"क्यूं भई हनीमून पर जा रहे हैं! कोई बुरी बात है क्या?"

"आप भाग तो नहीं रहे हैं किसी से?"

"किस से?..."

"आप जानते हैं किस से...!"

"देखो सुधा, ये दिन रात माया का ख़्याल, हम दोनों के बीच अच्छा नहीं है।"

दोनों ख़ामोश हो गये। महेन्द्र ने फिर कहा।

"याद है, एक बार पंचगनी में तुमने मुझसे कहा था कि जो सच है और सही है, सिर्फ़ वही कीजिये। यक़ीन मानो सिर्फ़ वही कर रहा हूं...मैं माया से प्यार करता था...ये सच है। और उसे भूलने की कोशिश कर रहा हूं, ये सही है। लेकिन इसमें तुम मेरी मदद नहीं करोगी, तो मेरे लिए बड़ी मुश्किल होगी क्योंकि मुझसे ज़्यादा वो तुम्हें याद रहती है।"

सुधा एक पल के लिए महेन्द्र को ध्यान से देखने लगी। महेन्द्र ने सुधा के कन्धे पर हाथ रख दिया...और घर के बाहर निकले।

"सुधा...माज़ी को माज़ी न बनाया..."

"माज़ी...?"

"माज़ी...भई पास्ट (Past)। बीता हुआ जो बीत गया। उसे बीत जाने दो...उसे रोक के मत रखो।"

वही स्टेशन का वेटिंग रूम...बाहर बारिश का ज़ोर से बरसना...महेन्द्र और सुधा बैठे गर्म गर्म चाय पी रहे थे।

"आह...चाय तो गर्म है।"

"हूं..."

"मज़ा आ गया इस वक़्त चाय का।"

सुधा हंस पड़ी।

"पहले बहुत कह रही थी...मैं चाय पीती नहीं आप जानते हैं।"

"आप ही ने तो कहा था...कभी कभी पी लेती हो। इसलिए पी ली।"

''पहले तो वो चायवाला है ना...उसने भी तुम्हारे जैसा जवाब दिया।''

''क्या...?''

''कि दूध, पत्ती, ख़त्म हो गई है साहब।''

''फिर आप ने भी वैसा ही जवाब दिया होगा।''

''क्या...?''

''बड़े कमीने आदमी हो।''

''नहीं...ऐसे बात करता तो वो चाय हर्गिज़ नहीं बनाता। वैसे ही वो आधी नींद में था। मैंने उसे जगाया तो...''

अचानक वेटिंग रूम की लाइट चली गई। अंधेरे में कुछ नहीं दिख रहा था, सिर्फ़ आवाज़ आ रही थी।

''अरे...?''

''ओह...हैल!...बस इस की कसर थी।''

''लगता है पूरे स्टेशन की बत्ती गई।''

''हूं...माचिस कहां है?...यहीं बैठी रहना। हिलना नहीं यहां से।''

''कहां जा रहे हैं...?''

''बाहर जाके...देखता हूं कोई लालटेन वालटेन का इन्तज़ाम हो जाए तो...''

''ठहरिये...ठहरिये ना...मैं अकेले नहीं रहूंगी।''

''अरे चाय तो पी लो।''

''पी ली।''

सुधा ने अंधेरे से डर के जल्दी-जल्दी चाय पी ली।

''अच्छा आ जाओ।''

दोनों अंधेरे में वेटिंग रूम से बाहर निकलने की कोशिश कर रहे थे।

''संभल के।''

सुधा ज़ोर से चीख़ी, किसी मेज़ या कुर्सी से टकराई थी...महेन्द्र ने डांट दिया।

"क्या करती हो?...अन्धी हो क्या?...कहा ना चुप-चाप बैठी रहो...दो मिनट रुक नहीं सकती... लगी क्या?...हूं...?"

महेन्द्र ने अंधेरे में महसूस किया उसको गुस्सा नहीं करना चाहिए था।

"लगी...?"

"हूं...हूं।"

"सोरी सुधा...आई एम सॉरी। इतने साल गुज़र गये...लेकिन गुस्सा करने की आदत नहीं जाती।"

"आदत भी चली जाती है। अधिकार नहीं जाते।"

इतने में ज़ोर से बिजली चमकी। जिसकी रौशनी में दोनों नज़र आये।

"तुम बैठी रहो यहां पर...तुम हिलना मत यहां से, मैं अभी आता हूं।"

"कहां जा रहे हैं आप?...फिर भीग जाएंगे।"

"नहीं...उसके पास...मोमबत्ती थी, ज़रा लेकर आता हूं। ये माचिस रखो...हिलना मत यहां से।"

फिर बिजली चमकी थी। महेन्द्र चला गया। उसके पैरों की आवाज़ से पता चला।

अंधेरे में एक लालटेन जली। महेन्द्र कहीं से लालटेन ले आया था।

"मोमबत्ती दी नहीं ससुरे ने...चलो कुछ तो हुआ।"

"अब अच्छा यही है। वो उधर आरामकुर्सी पड़ी हैं। थोड़ी देर के लिए सो जाएं।"

"हां।"

सुधा की चोट में फिर कुछ लगा। वो दर्द से चीख़ पड़ी।

"क्या हुआ?...लगी?...बहुत ज़ोर से लगी?...घुटने में लगी?...देखूं।"

सुधा दर्द से वहीं कुर्सी पर बैठ गई। महेन्द्र साड़ी हटा के देखने की कोशिश करने लगा। जैसे वो अब भी मियां-बीवी हों। चोट सुधा के घुटने में लगी थी। सुधा झिझक रही थी, साड़ी घुटनों तक उठाते हुए।

"नहीं..."

"अरे देखने तो दो।"

महेन्द्र वहीं बैठ कर देखने लगा उसके घुटने को।

"ओ...हां...यहां तो ख़ून निकल आया, एक मिनट इसको ऐसे ही रखना।"

महेन्द्र कुछ लेने गया। स्टेशन मास्टर की शराब की बोतल निकाली।

"ये क्या कर रहे हैं आप?..."

महेन्द्र ने रूई लेकर...पास रखी बोतल की रम शराब को रूई पर डाला।

"अरे पी नहीं रहा हूं...तुम्हारे लिए दवाई का इन्तज़ाम कर रहा हूं...!"

शराब भरी रूई महेन्द्र लगाने के लिए लाया तो सुधा ने रोका।

"नहीं...जलेगा...!"

जैसे ही महेन्द्र ने रूई का फाहा लगाया, सुधा की सिसकी निकल गई। महेन्द्र ज़ख़्म पर

फूंकने लगा। सुधा की आंखों में माज़ी के मंज़र तैरने लगे।

माज़ी के वो पल जो दोनों ने साथ जिये थे।
क़तरा क़तरा मिलती है
क़तरा क़तरा जीने दो
ज़िन्दगी है
बहने दो
प्यासी हूं मैं प्यासी रहने दो...ना

कल भी तो कुछ ऐसा ही हुआ था
नींद में थी तुम ने जब छुआ था
गिरते गिरते वहां भी, बची मैं
सपनों में...
बहने दो...
प्यासी हूं मैं प्यासी रहने दो...ना!

हवाई जहाज़ में महेन्द्र और सुधा बैठे थे। महेन्द्र कहने लगा।

"बड़ी जल्दी ख़त्म हो गया हमारा हनीमून?"
"मैं तो थक गई...मैं ज़्यादा सफ़र नहीं कर सकती।"
"सफ़र...अंग्रेज़ी में या हिन्दी।"
"हिन्दी में।"
"चलो, मैं सो रहा हूं...बम्पींग वम्पींग हुई तो उठा देना।"

महेन्द्र ने आंखें बन्द कर लीं। उसी वक़्त एयर हॉस्टेस कुछ लेकर आ गई।

"एक्स्क्यूज़ मी...मैनी हैप्पी रीटर्न्स ऑफ़ दी डे।"

दोनों हक्का बक्का से हो गये, समझ में उनके नहीं आया कि उड़ते हवाई जहाज़ में कैसा तोहफ़ा।

"हमें कहा गया था कि आपको जन्म दिन मुबारकबाद, आसमान में दी जाए, उड़ने के बाद..."

"थैंक यू।"

"जन्मदिन की मुबारकबाद?...आज तारीख़ क्या है?"

फूलों के साथ लगा ख़त सुधा पढ़ने लगी।

"तुम्हारे नाम से जीती हूं...तुम पे मरती हूं। माया—"

"माया...ओहो...ये वही कर सकती है। नॉरमल वात तो कभी करती ही नहीं...देखो क्या हवा में आकर पकड़ा।"

"हूं...और आपने मुझे बताया क्यूं नहीं? आज आपका जन्मदिन है।"

"अरे मुझे क्या मालूम?...मुझे याद कहां था?...हूं सच कह रहा हूं। मुझे याद कहां था?"

"सो जाइये आप।"

"रास्ते में उतर मत जाना।"

सुधा हंस दी।

"इस पगली पर तरस भी आता है...प्यार भी आता है।"

"तुम्हें क्या बताऊं सुधा वो क्या है? कभी-कभी मुझे डर लगता है उसके लिए।"

"आपने...शादी क्यूं नहीं कर ली उससे?"

"तुम्हें बताया तो था जब...दोबारा मिलने आया था तुमसे। ऐसी इम्पलॉस्वि (implosive) है ना...एक बार..."

माया मोटर साइकिल सीख रही थी। उसका दोस्त उसे सिखा रहा था। मोटरसाइकिल लेकर दोनों महेन्द्र के पास आये। महेन्द्र गार्डन में बैठा था।

"क्या है?...क्या है ये?..."

माया जोश में बोली।

"महेन्द्र बैठ कर देखो...क्लासिक मोटर बाइक। ये इडियट बेचना चाहता है। प्लीज़ ले दो ना।"

"पागल हो गई हो क्या? इसे चलाएगा कौन तुम या मैं?"

"जो पैट्रोल डलवाएगा वो चलाएगा।"

"अच्छा...? तुम्हें आता है चलाना?"

"अभी तो चला के ले आई...और कल से कितनी बैटर चल रही हूं। है न गुड्डू?"

"यस...यस...She is much better. She drive today."

"अच्छा...अच्छा...एक मिनट...तुम्हारा दिमाग़ तो ख़राब नहीं हो गया। तुमको मालूम है कितनी ख़तरनाक चीज़ है ये। मेरे एक दोस्त का एक्सीडेंट हुआ था। पचास फ़रेक्चर लगे हड्डियों में उसको।"

"मरा नहीं...?"

"मर ही जाता तो अच्छा था।"

"तुम तो बस मौत से डरते हो...इसे देखो ये कब से चला रहा है। ये कोई मरा...क्यूं गुड्डू?"

"यस सर...नो सर, आई मीन...नथिंग सर...नोट यट।"

"प्लीज़...ले दो ना।"

"अरे पागल हो क्या?"

"प्लीज़ महेन्द्र...अच्छा ठीक है तुम ले लो। कभी कभी मैं भी चला लूंगी।"

"ओके ठीक है...गुड्डू को कह देना। कल मोना के घर आ जाए।"

माया बहुत खुश हो गई। उछल पड़ी और गुड्डू से बोली।

"तुम जानते हो ना मैं कहां रहती हूं...मोना के साथ। बस कल वहीं आ जाना।"

"अच्छा..."

"थैंक यू।"

"तुम साथ जा रहे हो ना।"

महेन्द्र ने गुड्डू से पूछा। माया फिर मोटर साइकिल लेकर गुड्डू के साथ चली गई।

मोना लॉन में झूले में लेटी थी। उसी वक़्त महेन्द्र आ गया।

"हाय...मोना।"

"हाय...!"

"माया कहां है?"

"माया...?"

तभी एक छोटे बच्चे के रोने की आवाज़ आई अन्दर से।

"ये बच्चा किस का है भई?"

"माया का।"

"आईं...माया का?"

"माया का जायज़ बच्चा है।"

"क्या बात कर रही हो?"

"देखो इस लड़की के साथ कुछ भी मुमकिन है! ज़रा अन्दर जाके देखो...जाओ।"

महेन्द्र घर के अन्दर चला गया।

महेन्द्र घर के अन्दर आया...एक नौज़येद बच्चा रो रहा था। महेन्द्र ने माया को देख कर पूछा।

"ये सब क्या हो रहा भई...?"

माया की गोद में बच्चा था। शीशी का दूध बच्चा पी रहा था। महेन्द्र ने फिर पूछा।

"ये सब क्या है?"

"बच्चा है!...ख़रीद के लाई हूं।"

"ख़रीद के...?"

"हां देखो...इस की मां नहीं है...और वो इडियट है ना...उसे दूध तक पिलाना नहीं आता, कैसे पालेगा?"

"इसलिए तुम उठा के ले आईं?"

"अप्रोवल (approval) पर लाई हूं।"

"ये मिला कहां तुम्हें...?"

"वो झोंपड़पट्टी है ना...वहां मेरी मोटरसाइकिल ख़राब हो गई।"

गुस्से से महेन्द्र ने कहा।

"तुम्हारा दिमाग़ ख़राब हो गया है...स्टूपिड...चलो... चलो उसका बच्चा वापस करो उसको।"

महेन्द्र बच्चे को लेने लगा।

"तुम्हें मालूम नहीं है नाजायज़ बच्चा रखने से पुलिस केस हो सकता है।"

"नाजायज़ कैसे?...मैं तो ख़रीद के लाई हूं।"

"कम ऑन..."

"नाजायज़ उसका होगा ना...जिसे मुफ़्त में मिला हो।"

"चलो...चलो बच्चा वापस कर के आते हैं।"

महेन्द्र ने ज़बर्दस्ती माया का हाथ पकड़ के उठा लिया।

"चलो नहीं तो मारूंगा...इडियट...उठाओ इसको।"

"एक मिनट...बच्चा तो..."

"लाओ बच्चा मुझे दो।"

महेन्द्र ने बच्चे को गोद में ले लिया।

"मैं लेकर जाता हूं...तुम मेरे साथ चलो। कमऑन चलो मेरे साथ...मैं कहां ढूंढूंगा इसका घर?"

"मुझे बच्चा चाहिए।"

"चलती हो कि मारूं एक।"

दोनों बच्चा लेकर निकल गये।

महेन्द्र कमरे में आया और माया से कहा।

"ये लो तकिया चादर...चुपचाप शराफ़त से सो जाओ, चलो।"

माया बिस्तर पर आधी लेटी थी।

"मुझे बच्चा चाहिए।"

"कहां से लाऊं?...अनाथ आश्रम से ले आऊं?"

"क्यूं?...मेरा अपना बच्चा नहीं हो सकता है?"

"हां...हो सकता है...चाहिए?"

"हां...!"

"चलो...चल के शादी कर लेते हैं।"

"एक बच्चे के लिए दस और झमेले साथ में।"

"तो शादी झमेला होती है?"

"तुम्हें क्या मालूम क्या होती है?...मुझे मालूम है। मैंने भी देखी है...यू नो महेन्द्र...मैंने बहुत तरह के रिश्ते देखे हैं। ख़त्म हो जाते हैं, टूट जाते हैं, लेकिन शादी जब ख़त्म होती है ना!"

"ये क्या कर रही हो?"

पैंसिल से माया कुछ कर रही थी।

"तो सड़ने लगती है, गंदी होने लगती है। और मैं नहीं चाहती ऐसा हमारे साथ हो।"

"अच्छा...? तो तुम शादी नहीं करना चाहती...हूं?"

"मेरा कोई पता है?...रहती हूं! नहीं रहती हूं।"

"मतलब...?"

"तुम जाकर सो जाओ। गुड नाइट।"

"देखो मैंने तुम्हें बताया था...मेरी मंगनी हो चुकी है, किसी दिन दादूजी ने बुला लिया...तो शादी करवा के ही भेजेंगे।"

"तो कर लो ना शादी...बच्चा मुझे दे देना।"

सुधा और महेन्द्र हवाई जहाज़ में थे। महेन्द्र ने माया की ख़्वाहिश सुधा से बताई।

"हां...दे देंगे।"

"पक्की बात?"

"नहीं...नहीं...।"

कहते कहते सुधा ने महेन्द्र के कन्धे पर सिर रख दिया। तभी अनाउसमेंट हुआ। हवाई जहाज़ उतर रहा है।

"चलो...पेटी बांधो।"

"हूं।"

हवाई जहाज़ उतर गया।

महेन्द्र और मोना तेज़ी से अस्पताल की सीढ़ियां चढ़ रहे थे। महेन्द्र कह रहा था।

"स्लीपिंग पिल्स..."

"इस्तेमाल तो कभी करती नहीं, पता नहीं कहां से ले आई...आधी से ज़्यादा शीशी खा गई। तकिया उठाया तो नीचे पड़ी थी।"

"होश में है कि नहीं?"

"होश में तो आ गई है...पर बार बार कहती है महेन्द्र के आने से पहले मुझे जाने दो।"

ऊपर पहुंच कर मोना दफ़्तर की तरफ़ मुड़ गई।

"अच्छा मैं अभी आती हूं। तुम मिल लो।"

मोना अस्पताल के ऑफ़िस की तरफ़ जाने लगी, तो महेन्द्र ने रोका।

"सुनो...ये पर्स लेती जाओ।"

मोना शायद पेमेन्ट करने जा रही थी। पर्स ले लिया और इशारे से कमरा दिखाया।

"ऑन लेफ़्ट साइड एटी नम्बर।"

"एटी नम्बर।"

महेन्द्र तेज़ी से कमरे की तरफ़ बढ़ गया और माया को सोया हुआ देख कर उसके क़रीब पहुंचा...ग्लूकोज़ की बोतल लगी थी। महेन्द्र ने धीरे से माया के चेहरे को छुआ। माया ने आंखें खोल दीं और हल्के से मुस्करा दी महेन्द्र को देख कर।

“गाल पे मत मारना...बहुत ज़ोर से लगती है।”

महेन्द्र ने धीरे से उसके चेहरे को चूम लिया।

माया बोली।

“मैनी रीटर्न्स ऑफ़ दी डे।”

“दिज़ टाइम-विच डे?...ये जो किया है उसके लिये मुबाकरबाद दे रही हो मुझे?”

“टाईमिंग गड़बड़ हो गई नां...सुना था मर के आत्मा ऊपर जाती है...सोचा था तुम्हारे प्लेन के पास से होकर...तुम्हें गुड डे कह के जाऊंगी। लेकिन प्रोग्राम ही बदल गया। यू नो ख़ुराक से ज़्यादा गोलियां खा लो, तो भी नहीं मरता आदमी। उल्टी कर देता है। खुदकुशी करनी हो तो उतनी खानी चाहिए जितनी हज़म हो जाए।”

“स्टॉप इट...तुमने ऐसा कुछ नहीं किया, जिसकी तारीफ़ की जाए, जिसके लिए नोबल प्राइज़ दिया जाए।”

“डांटो मत प्लीज़...आई एम सोरी।”

महेन्द्र की आंखों से आंसू निकल पड़े। पास पड़े महेन्द्र के रूमाल को लेकर माया ने कहा।

“तुम्हारी आंखें पोंछ दूं?...धुंधला गई हैं।”

माया आंखें पोंछने लगी तो महेन्द्र के और आंसू निकल पड़े। उसने रूमाल अपने हाथों में लेकर आंसू साफ़ किये। रूमाल पर लिखे उस ‘एम’ को देखकर माया ने पूछा।

“ये ‘एम’ किस ने लिखा है? दीदी ने...कब मिलाओगे दीदी से?”

“कम से कम इस हालत में नहीं मिला सकता।”

“दीदी को पता है?”

“मैंने कुछ नहीं बताया उन्हें।”

काफ़ी रात हो गई थी। सुधा महेन्द्र के पास आई जो सो रहा था...क़रीब जाकर उसे सूंघा। महेन्द्र की आंख खुल गई, उसने पूछा।

''क्या कर रही हो?''

''सूंघ रही थी...कहीं पीते तो नहीं?...बिना खाये सो गये।''

''भूख नहीं...नींद आ रही है।''

''तो सो जाइये।''

सुधा ने उसके कपड़े उठाये। उसकी जेब से एक रूमाल मिला जिसपर लिखा था।

''तुम सलामत रहो हज़ार बरस कम पड़े न हज़ार साल तुम्हें। साल तो बस दिनों में कट जाएंगे– माया।''

सुधा सोचने लगी, क्या अब भी महेन्द्र उससे झूठ बोल कर माया से मिलता है। सोते हुए महेन्द्र को देखने लगी।

सुबह-सुबह महेन्द्र कहीं जाने की तैयारी कर रहा था। सुधा नाश्ता लेकर उसके पास आई, और फिर दबी ज़बान में पूछा।

''मैं...वाई चली जाऊं आज?...स्कूल भी जाना था...पंचगनी।''

''क्यूं?...आपने फिर से पढ़ाना शुरू कर दिया किया?''

''नहीं!...प्रिंसिपल से मिलना था और...''

महेन्द्र के मुंह में बग़ैर जली सिगरेट थी। सुधा ने माचिस लेकर उसकी सिगरेट जला दी। महेन्द्र ने कहा।

''माचिस कहां से पैदा कर लेती हो?''

''सोचती हूं, दो तीन दिन मां के पास रह आऊं।''

''जी नहीं! आज की आज लौट आयेंगी आप। कहो तो मैं लेने आऊं?''

''नहीं...मैं आ जाऊंगी।''

''और देखो वहां पहुंच कर फ़ोन मत कर देना...मैं आधी रात को भी आ जाऊंगा लेने।''

''मैं आ जाऊंगी।''

सुधा अपनी प्रिंसिपल के साथ पंचगनी के स्कूल में उससे बातचीत कर रही थी।

''अपनी क्लास में नहीं गई?''

''अभी जाऊंगी...आप से मिलने के बाद।''

कुछ बच्चे दौड़ते हुए आये...और सुधा को गुड मॉरनिंग...गुड मॉरनिंग कह कर चले गये।

''गुड मॉरनिंग...बहुत मिस करती हूं मैं बच्चों को।''

''घबराओ नहीं, थोड़े दिनों में तुम्हारे अपने हो जाएंगे, फिर मिस नहीं करोगी।''

''नहीं...मिस तो मैं हमेशा करूंगी बच्चों को।''

''हां!...भई हां...वंस ए टीचर ऑलवेज़ इज़ टीचर, पर तुम्हारा नया स्टूडेन्ट कैसा है?''

''ही इज़ ए गुड स्टूडेन्ट...बस एक ही मुश्किल है।''

"वो क्या भई?.."
"यहां सिर्फ़ पौने घंटे की क्लास होती है। वहां चौबीस घंटे क्लास लगी रहती है।"

प्रिंसिपल हंस पड़ीं।

"स्टूडेन्ट क्लास में हो तब भी...न हो तब भी। सिखाना कम और सीखना ज़्यादा पड़ता है।"

अस्पताल का कमरा था...बिस्तर पे माया लेटी थी और महेन्द्र खिड़की खोलने की कोशिश कर रहा था जो जाम हो गई थी। माया पहले से बेहतर थी।

"ज़्यादा फूक लेने की ज़रूरत नहीं...कि मैंने तुम्हारे लिए ख़ुदकुशी की। असल में मैं जानती ही नहीं थी कि मैं तुम से इतना प्यार करती हूं। मेरा ख़्याल है शादी भी कुछ ऐसी ही चीज़ है। बहुत ज़्यादा प्यार हो जाए, ख़ुदकुशी न की, शादी कर ली-राइट।"

"अगली बार वही करना...शादी।"

"तुमसे...? अच्छा...तुम दूसरी शादी नहीं कर सकते?...मुझसे कर लो ना।"

"अपनी ऊटपटांग बातें बन्द भी करो।"

"क्यूं?...दीदी को बुरा लगेगा?"

"तुम अपना मुंह बन्द करती हो कि नहीं?..."

"अपने मुंह से बन्द कर दो ना।"

महेन्द्र ने उसे अपने सीने से लगा लिया। माया ने बदमाशी की महेन्द्र को हटाने के लिए।

"नर्स...।"

सुधा...सितार लेकर बैठी थी...और गुनगुना रही थी।

ख़ाली हाथ शाम आई है, ख़ाली हाथ जाएगी
आज भी न आया कोई, ख़ाली लौट जाएगी
आज भी न आये आंसू आज भी न भीगे नैना
आज भी ये कोरी रैना कोरी लौट जाएगी
ख़ाली हाथ शाम आई है, ख़ाली हाथ जाएगी।

माया अपने घर आ चुकी थी। महेन्द्र उसके बालों में कंघी कर रहा था।

देर रात महेन्द्र घर लौटा तो सुधा इन्तज़ार करते करते सोफ़े पे ही सो चुकी थी।
इधर कुछ दिनों से महेन्द्र ने दिन और रात माया और सुधा में बांटे थे।

सुधा धोबी को कपड़े दे रही थी धोबी गिन रहा था।

''मेम साहब तीन पेंट दो शर्ट। मेम साहब...ये क्या है?...''

धोबी ने जेब से कुछ निकाला। सुधा ने लेकर देखा...माया के कान का झुमका। सुधा कुछ सोच में पड़ गई।

"मेम साहब...मेम साहब सब मिला के बीस और चार।"

"चौबीस...ठीक है।"

धोबी कपड़े बांध के जाने लगा। सुधा कमरे में आई तो महेन्द्र कपड़े पहन रहा था कहीं जाने के लिए। सुधा ने अलमारी में कुछ रखते हुए महेन्द्र से कहा।

"आपको मुझ से कुछ कहना नहीं है?"

"क्या?..."

"आप...आप क्या इन दिनों माया से मिलते रहे हैं?..."

महेन्द्र ये सुन कर एक पल को सोचने लगा था। सुधा ने कैसा सवाल पूछ लिया है।

"वो..."

"मैं समझती थी...आप मुझसे कभी कुछ छुपाते नहीं।"

"नहीं वो क्या है...सुधा...मेरा ख़्याल है माया को हम एक बार यहां बुला लें...उसे अवाइड कर के हमने ठीक नहीं किया?...हम..."

"मुझे इसमें शामिल मत कीजिये...मैं न किसी से मिलना चाहती हूं...और न ही मैंने किसी को अवाइड किया है।"

महेन्द्र फ़ोन मिला रहा था किसी को।

"हैलो...माया..."

दूसरी तरफ़ माया महेन्द्र की आवाज़ सुनकर चीख़ पड़ी थी।

"तुम...कितनी सदियों बाद तुमने खुद फ़ोन किया...पिछली बार तुमने सिक्स हनडरेड बी.सी. में फ़ोन किया था। उस वक़्त तो गौतम बुद्ध भी ज़िन्दा थे...और उस बार तो तुम..."

महेन्द्र ने उसकी बक-बक को रोका।

''माया...माया सुनो...तुम आज शाम यहां आ सकती हो?''

ये सुनकर माया उछल पड़ी।

''चीखो मत...चीख़ो मत माया। प्लीज़ आहिस्ता...''

महेन्द्र के पीछे दूर खड़ी सुधा सुन रही थी।

''ओके, ओके।''

''सुधा ने ख़ुद तुम्हें बुलाया है।''

सुधा ने बात काटी।

''क्यूं झूठ बोलते हैं आप...हां मैं कब बुला रही हूं...किसी को?''

''चुप रहो एक मिनट...आ जाएगी तो क्या हो जाएगा?...तुम्हारा घर तो नहीं ले जाएगी उठा के।''

दूसरी तरफ़ फ़ोन पर माया ने ये सारी बातें सुन लीं। उसके मुंह से निकल पड़ा।

''ओह गॉड...हर जगह वही...आई ऐम सोरी, महेन्द्र आई ऐम सोरी।''

माया ने फ़ोन कान से हटाया। दूसरी तरफ़ महेन्द्र फ़ोन पर फिर कहता है।

''हैलो माया।''

''कहा ना मुझे इसमें शामिल मत कीजिए। रोज़ रोज़ आपके रूमाल पर कविताएं मिलती हैं...कभी लिपस्टिक के दाग़ मिलते हैं। कभी हाथ पर, कभी कोट पर...जेब से झुमके मिलते हैं। आपको मिलना है उससे, तो मिलते रहिये। लेकिन इस घर में वो नहीं आएगी। मैं अपने घर में उसे बर्दाश्त नहीं करूंगी।''

''ये घर सिर्फ़ तुम्हारा नहीं, मेरा भी है। मैं रात को उसे लेकर आ रहा हूं।''

इतना सुनते ही सुधा दूसरी तरफ़ चली गई। महेन्द्र घर से बाहर अपने ऑफ़िस चला गया।

महेन्द्र माया की सहेली मोना के पास गया जहां माया रहती थी। माया कहीं चली गई थी।

"क्या करें अब?..."

"क्या कर सकते हैं अब?...कुछ बता कर जाए तो ढूंढ़ें भी।"

"हैल...!"

सिगरेट उठा के जलाई और मोना के घर से भी चला गया।

रात के वक़्त महेन्द्र घर पहुंचा था...इधर-उधर देखा सुधा नज़र नहीं आई। पूजा घर में भगवान की मूर्ति नहीं थी। अलमारी में सुधा के कपड़े भी नहीं थे।

"सुधा...सुधा।"

पास के टेबल से एक चिट्ठी मिली, जिसे महेन्द्र पढ़ने लगा।

"मैं ख़्वामख़्वाह आप दोनों के बीच आ गई... इसलिए जा रही हूं...सुधा।"

बार-बार महेन्द्र इस लाइन को पढ़ने लगा, उसका जी घबराने लगा। उसका पूरा बदन पसीने से तरबतर हो गया। महेन्द्र सीने में दर्द महसूस करने लगा और वहीं बिस्तर पे

गिर पड़ा। सुधा की आवाज़ कानों में गूंज रही थी।

"मैं ख़्वामख़्वाह आप दोनों के बीच आ गई... इसलिए जा रही हूं...सुधा।"

सुधा की मां पार्वती और दादू आपस में बात करते हुए सीढ़ियों से उतर रहे थे।

"आप तो थे नहीं। दो महीने से आकर बैठी है यहां, पता नहीं क्या हो गया है, इन दोनों के बीच में?...कुछ बताती भी नहीं...और जवाई-जी से बात की, न मुझे करने दी।"

"अब कहां है वो?..."

"वहीं स्कूल में...पंचगनी में...पहले तो शनिवार को आती थी वो...लेकिन अब नहीं आती। पता भी है कि मैं अकेली हूं। लेकिन..."

पार्वती हिस्बे-मामूल फिर रोने लगी।

"बस कर पार्वती...बस कर...मैं जा रहा हूं ना। बात करता हूं।"

"मुझे नहीं लगता कुछ होगा...अगर होता तो...इन दो महीनों में हो जाता।"

"मैं सुधा से मिलता हूं...देखता हूं क्या होता है।"

पंचगनी के स्कूल में सुधा से दादू मिलने आये...सुधा कहने लगी।

"नहीं...नहीं दादू आप मत जाइये उनके पास...मैंने आपसे कहा ना वो दोनों कैसे चाहते हैं एक-दूसरे

को। मैंने तो बड़ी मुश्किल से मां को रोका...कहती रही दादू को आ जाने दो। इसलिए कि आप समझ सकेंगे। मां नहीं समझ सकती...और सच पूछिये तो इन्होंने एक पल के लिए कुछ बुरा नहीं किया मेरे साथ। दादू...इन्होंने आपका मान रखने के लिये इतना सहा है। आप उनका मान रखिये...''

दादू सिर्फ़ ख़ामोशी से सुधा की बातें सुन रहे थे।

''कुछ मत कहिये उनसे...मत मिलिये...''

''हूं...और तू क्या करेगी?''

''मैं यहां काम कर रही हूं ना...स्कूल में।''

''हूं और जो पीछे छोड़ कर आई है वो?...''

''मैं तो बस निकल आई हूं...इसे बहाना कह लो, या कारण कह लो। नहीं तो दादू कोई भी सुख से नहीं जी सकेगा। न मैं, न माया, न वो।''

''ठीक है बेटी...ठीक है, ठीक है...तू अपना कर्म करती चल, थोड़ा सा समय बीत जाने दे, इस बीच...इस बीच अगर वो तुझे लेने आया ना...तो चली जाना...पगली ज़िद न करना। हां और अगर नहीं आया तो...फिर ठीक...फिर तो...देखें।''

दादू भगवत गीता का श्लोक पढ़ते हुए दूर चले गये।

पंचगनी के स्कूल में सुधा प्रिंसिपल के साथ कोरीडोर में टहलती हुई आ रही थी। प्रिंसिपल बता रही थी।

"पोस्ट तो अच्छी है...और फिर प्रमोशन भी मिल रही है। वाइस प्रिंसिपल हो जाओगी, पन दूर है यहां से।"

"आप मेरा नाम दे दीजिये।"

"फ़ौरन जाना पड़ेगा।"

"वो तो और भी अच्छा होगा।"

"लेकिन महेन्द्र का क्या होगा?"

"और क्या होगा मिसेज़ घरेवाल? दो महीने हो चुके हैं और इस बीच में..."

"महेन्द्र मिला नहीं?"

"नहीं।"

"तुमने कोशिश नहीं की?"

"कुछ दिन पहले फ़ोन किया था तो...माया ने उठाया।"

"तो फिर?..."

"मैंने फ़ोन रख दिया, बात नहीं की।"

"हूं!...तलाक़ लेने का सोच रही हो?"

"नहीं...देने का सोच रही हूं।"

स्कूल पार्क में सुधा गुज़र रही थी। हाथ में एक लिफ़ाफ़ा था। जो उसने ख़त में लिखा था महेन्द्र को। उसके चेहरे पर सुनाई दे रहा था।

"जान-बूझकर एक भूल की थी। आपसे शादी कर ली। आज उसकी तलाफ़ी कर रही हूं। सच तो ये है कि आपकी ईमानदारी ने मोह लिया था। पहली बार जब आप हाथ छोड़ने आये थे...और दूसरी बार जब हाथ मांगने आये थे...। माया इस दुनिया से बिल्कुल अलग है...पर क्या करूं

मैं?...बहुत साधारण औरत हूं...ज़िद्दी भी हूं और जल भी जाती हूं। पिघल भी जाती हूं...जाते जाते आपका एक ज़रूरी काम किये जा रही हूं। दादू को मैंने समझा दिया है...वो आप से कुछ नहीं कहेंगे...आप माया से शादी कर लेना...मेरी चिन्ता न करो...मैं अपनी मरज़ी से आपकी ज़िन्दगी से जा रही हूं...जहां जा रही हूं, वहां का पता आप को नहीं देना चाहती। नहीं चाहती आप मेरी तलाश करें।''

उसने पोस्ट बॉक्स में वो चिट्ठी डाल दी जिस में ये सब लिखा हुआ था।

वेटिंग रूम। महेन्द्र सोया हुआ था। एक फ़ास्ट ट्रेन के गुज़रने से महेन्द्र की आंख खुल गई। पास रखे ग्लास से पानी पिया। फिर उठ कर प्लेटफ़ॉर्म पर आ गया। बारिश हल्की हो गई। पानी की टप-टपाक की आवाज़ थी। दूर देखा तो एक बेंच पर सुधा बैठी थी। महेन्द्र सुधा के पास चला गया और पूछा।

''सुधा...यहां बैठी हो...कब उठके चली आई?''

''काफ़ी देर...हो गई।''

सुधा थोड़ा सरक गई। महेन्द्र ने शाल सुधा पर ओढ़ा दिया और वहीं बैठ गया।

''थोड़ी देर सो गई होतीं।''

''नींद नहीं आई।''

''पता ही नहीं चला...कब शाल ओढ़ा कर चली गई, पानी का ग्लास रख दिया जैसे पूरा घर लेकर चलती हो।''

"आपने भी तो सारा सामान ऐसे बिखरा रखा है...जैसे घर में ही बैठे हों। तौलिया कहीं रखा है, साबुन कहीं पड़ा है, गीले कपड़े अभी तक बाथरूम में ही पड़े हैं। मैं थी इसलिए या...अभी तक वही हालात हैं...।"

"कुछ घर जैसा ही लग रहा है...सुधा।"

"जी...!"

"तुम्हें कुछ पूछना नहीं है मुझसे?"

"ज़रूरत है?"

"नहीं...जो हुआ उसे बदला तो नहीं जा सकता। आदमी पछता सकता है। माफ़ी मांग सकता है। मैंने तुम्हारे साथ बहुत ज़्यादती की है।"

बात बदलते हुए।

"माया कैसी है?"

थोड़ी ख़ामोशी के बाद महेन्द्र ने जवाब दिया।

"तुम्हें याद है जब हम 'कूदरे मुख' से वापस आये थे?..."

"हूं...उसी दिन आपका जन्मदिन था।"

"उसी दिन एक फ़ोन आया था।"

"और आपको बहुत ज़रूरी काम से बाहर जाना पड़ा था।"

"तुम्हें याद है सब।"

"हूं..."

"वहीं...मैं अस्पताल गया था। उस रात माया ने ख़ुदकुशी करने की कोशिश की थी। फ़ौरन तुम्हें बताना मुनासिब नहीं समझा। उस वक़्त चला गया। उसके बाद कई रोज़ बाक़ायदा उससे मिलने जाता रहा। उसे बचाना अपना फ़र्ज़ महसूस हुआ...पागल तो वो थी। कभी रोती थी, कभी लिपटती थी...कभी लड़ने लगती थी। उसी में

शायद एक दिन उसका झुमका मेरे कोट में अटका रह गया...जैसे शाल में अटका तुम्हारा झुमका मिला है।''

सुधा अपने कानों को देखने लगी। एक झुमका महेन्द्र की हथेली पर था।

''शायद मुझे तुम्हें सब कुछ बता देना चाहिये था...लेकिन मेरी अपनी समझ नहीं आ रहा था, कुछ भी। माया की इस हरकत से मैं डर गया था। संभलने की कोशिश कर ही रहा था कि वो घर से भाग गई...वापस आया तो तुम भी जा चुकी थीं। उस दिन पहली बार दिल का दौरा पड़ा।''

सुधा चौंक कर महेन्द्र की तरफ़ देखने लगी। एक गुनहगार की तरह।

''तुम्हारा जाना बुरा लगा...गुस्सा भी था...नाराज़गी भी थी। एक महीना अस्पताल में रहा। जब आया तो माया भी लौट आई। मेरी बीमारी की ख़बर सुन के वो वापस घर आ गई...कुछ दिन वहीं रही...मेरी देखभाल करने के लिए।''

महेन्द्र बाहर गार्डन में बिस्तर पर लेटा हुआ था। माया गर्म पानी और तौलिये से महेन्द्र का बदन पोंछ रही थी। पानी ज़्यादा गर्म था। महेन्द्र तिलमलाया।

''बहुत गर्म है यार।''

''ठीक है यार...ज़रा बर्दाश्त भी तो किया करो। बस दूसरे को ही जलाते रहते हो...कभी तुम्हारा भी तो धुआं निकले।''

''बस...बस...''

“अभी और भी बाक़ी है। बड़े भद्दे पैर हैं तुम्हारे।”

“तुम्हारे मुंह से ज़्यादा अच्छे हैं।”

“अपनी शक्ल देखी है कभी?”

“तुमने देखी है?”

“दिन रात वही तो देखती रहती हूं।”

और लिपस्टिक का निशान लगा दिया।

“ये क्या कर रही हो?”

“तुम्हारे पैर ख़ूबसूरत बना दिये। अपनी स्टेम्प लगा के...अब तुम खो नहीं सकते। खो जाओगे तो ये दिखा देना।”

“अरे क्या करूं तेरा?”

“अचार डाल लो।”

“तुझे लेकर तो फंस गया मैं।”

“यू नो...मैं फंस गई। तुम्हारे साथ रह भी नहीं सकती हूं, और...”

तभी फ़ोन की घंटी बजी। माया ने जाकर फ़ोन उठाया।

“हैलो...हैलो।”

“क्या हुआ?”

“मेरी आवाज़ इतनी पसन्द आई कि डिस्कनेक्ट कर दिया। मैं नहाने जा रही हूं।”

माया घर के अन्दर चली गई। महेन्द्र टी-शर्ट पहनने लगा। तभी मोना और उस का बॉयफ्रेंड आ गये।

“हाय...क्या हाल हैं?...बैठो, बैठो। मोना बड़ी ख़ुश नज़र आ रही हो। एक दम खिली हुई। प्रेगनेन्ट हो क्या?”

“उसी की तैयारी हो रही है। अगले हफ़्ते हम दोनों की शादी होने वाली है।”

खुश होकर महेन्द्र ने दोनों को मुबारकबाद दी।

"मोना मुबारक हो।"

"थैंक यू...लेकिन हमने कार्ड नहीं छपवाया...आठ दस लोगों को चर्च में बुलाया है।"

"और पार्टी?"

"पार्टी!...पार्टी तुम देगा।"

उसके मंगेतर ने कहा।

"नेच्यूर्ली..."

"बड़ी कंजूस बीवी चुनी है तुमने।"

"क्या करें यार...वरना 'पर्सर' की नौकरी से गुज़ारा होगा क्या? कैन आई यूज़ योर टॉयलेट?"

"गो अहैड।"

"माया कहां है?"

"वो नहाने गई है।"

जैसे ही वो गया, मोना ने राज़दाराना लहज़े में कहा।

"महेन्द्र...मैं शादी के बाद वो मकान छोड़ रही हूं।"

"ओहो।"

"माया के बारे में लैंडलेडी से बहुत कहा लेकिन वो मानी ही नहीं...अभी तो ठीक है, माया तुम्हारे साथ रह रही है लेकिन जब सुधा आ जाएगी तब क्या होगा?"

महेन्द्र ने सिगरेट निकाल कर सिर हिलाया।

"हूं... ।"

"सच कहती हूं...मुझे माया की बहुत फ़िक्र है, वो एकदम बेसहारा हो जाएगी।"

मोना का मंगेतर आ गया।

"चलें मोना। देर हो जाएगी।"

"ओके! बाए सी यू महेन्द्र।"

मोना अपने मंगेतर के साथ चली गई। महेन्द्र अपनी सिगरेट जलाने लगा।

महेन्द्र और माया कार में थे। मोना की शादी अटेंड कर के आ रहे थे।

"तो मोना की भी शादी हो गई।"

"हूं..."

"वो जा रही है यहां से।"

"हां!"

"अब रहोगी कहां?...सुधा वापस आ गई तो क्या करोगी?"

"दीदी मुझे निकाल देगी ना?"

"नहीं तो क्या साथ रखेगी?...अभी जो रह रही हो यहां, क्या ठीक है?"

"तुम जो बीमार हो।"

"मैं जब ठीक हो जाऊंगा तब?"

माया चुप हो गई।

रात का वक़्त था—माया मोटरसाइकिल स्टार्ट कर रही थी। अन्दर से महेन्द्र भागता हुआ आ गया।

"ऐ...क्या हो रहा है?"

"घूमने जा रही हूं।"

"कहां?..."

"कहीं भी...सड़कों पर, नदी पर।"

"अच्छा ठीक है तुम बैठो पीछे, मैं चलाता हूं।"

महेन्द्र ने मोटरसाइकिल स्टार्ट की और माया को पीछे बिठाया। माया पीछे बैठी महेन्द्र से बातें करने लगी।

"महेन्द्र..."

"हूं..."

"तुम जा कर दीदी को क्यूं नहीं ले आते?...मैं चली जाऊंगी। सच तुम मेरी फ़िक्र मत करो।"

"पागल हो क्या?...मैंने तुम्हें जाने के लिए थोड़े ही कहा है।"

"इसलिए थोड़े ही...तुम सचमुच दीदी को ले आओ।"

"और तेरा क्या करूं?"

"मेरी शादी करा दो।"

"किससे?"

"जो तुम्हें अच्छा लगे।"

"अरे तेरे लिए तो तुझ जैसा पागल ढूंढ़ना पड़ेगा।

"जैसा वो था...दढ़ियल बब्बू।"

"गुड्डू..."

"गुड्डू..."

"वो तो बहुत अच्छा लड़का है।"

"अच्छा।"

"कितना इनोसेंट है।"

"वो...अच्छा इनोसेंट है तो उसी से शादी करा दूं तेरी...हूं।"

"हां...उसके पास तो मोटरसाइकिल भी है।"

महेन्द्र ज़ोर से हंस पड़ा।

"तो इसमें हंसने की क्या बात है?"

"यू आर मेड एब्सोल्यूट क्रेज़ी।"

रात की साटन सी चमकीली सड़क पर दोनों जा रहे थे।

एक जगह मोटरसाइकिल खड़ी कर के दोनों बैठ गये।

"तुम्हारे मां बाप कभी नहीं बुलाते तुम्हें! तुम्हारा जी नहीं चाहता उनसे मिलने के लिए?"

"इस बार तो वहीं गई थी...और जा के बहुत पछताई। उन दोनों में पता नहीं क्या हो गया है...समझ नहीं आता...वो दोनों साथ में क्यूं घिसट रहे हैं। पापा...जो कई कई रातों घर नहीं आते। मां, हां उन्हें बनने संवरने से फुर्सत नहीं मिलती। उन की उम्र अपनाना नहीं चाहतीं...किसी दूसरे के साथ इन्वोलव्ड हैं। जब दोनों साथ में रहते हैं, तो एक दूसरे को नोचते रहते हैं।"

"उम्र का बहुत फ़र्क़ है ना दोनों में।"

"हां।"

सुबह-सुबह महेन्द्र कहीं जा रहा था। जूते पहन रहा था, उसी वक़्त माया चाय लेकर आई।

"चाय गर्म।"

माया के हाथ में एक लिफ़ाफ़ा था।

"वो क्या है?"

"ख़त गर्म...कल शाम को आया था। माधव देना भूल गया था।"

महेन्द्र ख़त लेकर उसे खोल कर देखने लगा।

"इतनी जल्दी कहां जा रहे हो?...किसी ज़रूरी काम से जा रहे हो?"

"हूं..."

"बहुत सीरियस लग रहे हो। कहीं झगड़ा करने जा रहे हो?"

"सुलह करने...सुधा के पास जा रहा हूं।"

ये सुन कर माया सीरियस हो गई, कुछ उदास हो गई। महेन्द्र उसके पास आया।

"माया...मैं पता है, क्या करने वाला हूं...तुझे सुधा के हवाले कर दूंगा...वो बहुत समझदार है। जो सच है और सही है वही कर सकती है। उससे ज़रूर मालूम होगा कि हम दोनों को क्या करना चाहिए।"

ये कहते कहते वो सुधा की चिट्ठी पढ़ने लगा। कानों में जैसे सुधा की आवाज़ पड़ी।

"जानबूझ कर एक भूल की थी। आपसे शादी कर ली। आज उसकी तलाफ़ी कर रही हूं...ओह हैल सच तो ये है..."

महेन्द्र की आंखों में दुख से आंसू भर आये।

"क्या हुआ महेन्द्र?.."

महेन्द्र ने वो चिट्ठी पढ़ कर माया को दे दी। और तैश में कांच के दरवाज़े पे हाथ दे मारा।

"ओह हैल!"

माया महेन्द्र के पास आई और कहा।

"महेन्द्र...मैं दीदी को लेने पंचगनी जा रही हूं।"

महेन्द्र ने गुस्से में माया का हाथ पकड़ कर कहा।

"तुम कहीं नहीं जाओगी। पड़ी रहो यहीं पर। अगर इस घर से एक क़दम भी निकाला तो...गला घोंट दूंगा तुम्हारा।"

गुस्से में महेन्द्र चला गया और माया रोती रह गई।

उसी रात मोटर साइकिल के स्टार्ट होने की आवाज़ सुनकर महेन्द्र उठ बैठा...इधर-उधर देखा, फिर दौड़ कर बाहर आया तो, देखा कि माया मोटरसाइकिल लेकर घर से बाहर निकल गई। महेन्द्र ने जल्दी से गैराज खोला, दौड़ के चाबी लाया, कार निकाली और उसका पीछा करने लगा। माया बहुत तेज़ी से मोटरसाइकिल चलाते हुए पंचगनी की तरफ़ जा रही थी ताकि जो रिश्ता महेन्द्र और सुधा के बीच टूट रहा था उसको वो फिर जोड़ सके।

मोटरसाइकिल चली जा रही थी। सुबह का आसमान धीरे-धीरे खुल रहा था। चारों तरफ़ लाली नज़र आने लगी थी। मोटरसाइकिल चलाते चलाते थक चुकी थी। उसका मफ़लर जो काफ़ी लम्बा था उस का एक सिरा मोटरसाइकिल के पिछले पहिये में लग रहा था। महेन्द्र भी अन्दाज़ से उसी राह पर चल रहा था। अचानक माया का मफ़लर पिछले पहिये में फंस गया। बड़े ज़ोर से खिंचा और उस का गला भी मफ़लर में कस के घुट गया...वो मोटरसाइकिल के साथ ही दूर तक घिसटती चली गयी। महेन्द्र ने दूर से मोटरसाइकिल को गिरा हुआ देखा...पास में

माया को पड़ा देख कर उसने गाड़ी रोकी। कूद कर माया के पास पहुंचा।

"माया...माया...ओह गॉड...ये क्या हो गया?... माया..."

माया का गला घुट जाने से वो दम तोड़ चुकी थी। मफ़लर अभी तक पहिये में फंसा हुआ था।

माज़ी का ये वाक़िया सुनकर सुधा रो पड़ी। पास में ही महेन्द्र बैठा था। स्टेशन वैसा ही सुनसान पड़ा था। बारिश बन्द हो चुकी थी। बस टप-टप बूंद गिर रही थी, जो इधर-उधर पड़ रही थी। सुधा रोते हुए उठकर वहां से चली गई। महेन्द्र वहीं पल दो पल को बैठा रहा फिर पास पड़ी सुधा की शाल उठा ली और वेटिंग रूम की तरफ़ चला गया। पास खड़ी साइकिल को देखा जिसके पैडल रिंग से चैन उतर गई थी। और पिछली रात की दास्तान कह रही थी।

सुधा वेटिंग रूम के बाथरूम से महेन्द्र का सामान लेकर निकली थी। महेन्द्र के बैग में सामान पैक कर दिया। तभी महेन्द्र आ गया। क़रीब ही कुर्सी पर बैठ कर उसको देखते हुए कहने लगा।

"सारी रात मैं ही कहता रहा। तुमने कुछ नहीं बताया?..."

सुधा ये सुनकर ख़ामोश रही। आंखों में नमी अभी तक नज़र आ रही थी। पास टंगी महेन्द्र की जैकेट उतारी और महेन्द्र के क़रीब आ गई।

"मेरे पास था ही क्या कहने को...सब कुछ तो अकेले ही सहते रहे।"

महेन्द्र की पैकिंग मुकम्मिल कर के, सुधा अपने सामान के पास चली गई। अपना बैग उठाया। महेन्द्र अब भी किसी आस से उसकी तरफ़ देख रहा था।

"मां कहां हैं?...तुम्हारे साथ ही रहती हैं?"

"मां नहीं हैं, गुज़र गईं।"

"तो अकेली हो?"

सुधा कुछ जवाब देती कि उसी वक़्त वेटिंग रूम का दरवाज़ा खुला और एक ख़ूबसूरत सा शख़्स सुधा को पुकारता हुआ अन्दर दाख़िल हुआ।

"ऐ...सुधा...सो...सॉरी।"

वो सुधा के पास आ गया।

"आप आख़िर पहुंच ही गये ना?"

"हूं...जब मुझे पता चला कि ट्रेन कैन्सिल हो गई, मेरी तो जान निकल गई।"

महेन्द्र इस नये आये शख़्स को ध्यान से देखने लगा। जो अपनाईयत से बात कर रहा था।

"टेलीफ़ोन करने की कोशिश की। टेलीफ़ोन ही नहीं लगता था। एक दो बार लगा भी तो कट जाता...आई एम टेलिंग यू उस समय कुलवंत से कहा काशीपुर तक छोड़ दो। वहां से यहां तक बस ट्रैवेल है। आगे की ट्रेन टाईम्स मुझे मालूम है बस। बस में चढ़ा तो जान में जान आई।"

उस आदमी की बातों से कुछ ऐसा लगने लगा कि जैसे सुधा के बहुत क़रीब था। वो अभी तक कह रहा था।

"लेकिन बस वाले की जान खा गया।"

बातचीत करते-करते सुधा का सामान भी बंधवाने लगा।

"मैंने कहा बच्चू...तेज़ नहीं चलाओगे, ट्रेन क्या, मेरी बीवी छूट जाएगी...हा...हा।"

"आपको क्या ज़रूरत थी इतनी दूर लेने आने की।"

महेन्द्र ये बातें सुन कर समझ गया। सुधा ने अपनी ज़िन्दगी बसा ली और ख़ुश है।

"हां...भला मुझे क्या ज़रूरत थी?...बस वहां बैठा रहता टेंशन में और सिगरेट पे सिगरेट फूंकता रहता।"

"अरे हां...ये लीजिये।"

सुधा ने अपने पर्स से सिगरेट और माचिस निक़ाल कर उस आदमी को दी। वो ख़ुश हो कर कहने लगा।

"ये देखा...देट इज़ इट इसे कहते हैं ना एक अच्छी ख़ूबसूरत बीवी, क़िस्मत वालों को मिलती है।"

महेन्द्र ने ये सुन कर एक बार फिर से दोनों को देखा।

"बस रात भर टेंशन में रहा और सिगरेट पीता रहा। चलो, कुली को बुला के आया हूं।"

कुली भी आ गया।

"कुली साहब।"

"हां...कुली आओ।"

फिर सुधा से पूछा।

"तुमने स्वेटर नहीं पहना?"

"हां!...शाल है ना।"

"कहां?..."

इधर-उधर सुधा ने देखा फिर बताया।

"वो..."

"वो...?"

महेन्द्र के पास कुर्सी पर शाल रखी थी।

"एक्सक्यूज़ मी...!"

उस शख़्स ने शाल लेकर सुधा की तरफ़ बढ़ायी और कुली के साथ सामान लेकर वेटिंग रूम से बाहर चला गया। एक तेज़ झोंके की तरह आया वैसे ही निकल गया। पीछे-पीछे सुधा भी जा रही थी। महेन्द्र उन को जाते देखता रहा। सुधा जब दरवाज़े पे पहुंची तो एक पल को रुक गई और मुड़ के महेन्द्र को देखा। कुछ सोच कर महेन्द्र के पास आई और उसके क़रीब आके खड़े हो गई।

"मैं चलूं?...पिछली बार बिना पूछे चली गई थी। इस बार 'इजाज़त' दे दो।"

महेन्द्र कुछ नहीं बोला—चुप रहा।

"पिछले साल शादी कर ली।"

महेन्द्र एक पल को ख़ामोश रहा फिर कहा।

"जीती रहो। सुखी रहो।"

सुधा की आंखें भर आई थीं। महेन्द्र ने उसके चेहरे को छूकर कहा।

"ख़ुश रहो...बहुत अच्छे पति मिले हैं तुम्हें। बहुत प्यार करते हैं। वो सब जो मैं नहीं कर सका, भगवान करे भरपूर रहो। हो सके तो...एक बार मन से माफ़ कर देना मुझे।"

ये सुन कर सुधा महेन्द्र के पैर छूने के लिए झुकी तभी उसके पति आ गये।

"पीछे क्या रह गया भई...?"

सुधा पैर छूकर पति के साथ प्लेटफ़ॉर्म पर आ गई। पति ने पूछा।

"कौन था?...कोई रिश्तेदार, कोई वाक़िफ़...?"

दोनों प्लेटफ़ॉर्म पर चलते जा रहे थे। पति बार बार पीछे मुड़-मुड़ कर देख रहा था। सुधा सिसकते हुए जा रही थी।

"अरे बताओ तो सही भई, क्या बात है?"

सुधा को रोका और एक पल मुड़ के आदमी को देखते हुए कहा।

"महेन्द्र?...हूं..."

सुधा ने इक़रार में सिर हिलाया।

"हां..."

उसके पति ने महेन्द्र की तरफ़ ध्यान से देखा। महेन्द्र वेटिंग रूम के दरवाज़े पे खड़ा सुधा को देख रहा था। सुधा महेन्द्र को देख रही थी। फिर वो आदमी और सुधा आगे बढ़ गये।

न जाने क्यूं...
दिल भर गया...
न जाने क्यूं...
आंख भर गई...

●

इजाज़त

पात्र-परिचय

रेखा : सुधा
नसीरूद्दीन शाह : महेन्द्र
अनुराधा पटेल : माया
रीता कोयल : मोना
सुलभा देश पांडे : पार्वती
राम मोहनजी : स्टेशन मास्टर
दीना पाठक : प्रिंसिपल
शम्मी कपूर : दादाजी

प्रोड्यूसर : आर. के. गुप्ता
कैमरा मेन : अशोक मेहता
संगीत : आर. डी. बर्मन
स्क्रीनपिले, गीतकार
और डायरेक्टर : गुलज़ार

●●●